사람이
운명이다

사람이 운명이다

2015년 2월 16일 초판 1쇄 | 2017년 8월 23일 9쇄 발행
지은이 · 김승호

펴낸이 · 김상현, 최세현
책임편집 · 최세현 | 디자인 · 김애숙

마케팅 · 권금숙, 김명래, 양봉호, 최의범, 임지윤, 조히라
경영지원 · 김현우, 강신우 | 해외기획 · 우정민
펴낸곳 · (주)쌤앤파커스 | 출판신고 · 2006년 9월 25일 제406-2006-000210호
주소 · 경기도 파주시 회동길 174 파주출판도시
전화 · 031-960-4800 | 팩스 · 031-960-4806 | 이메일 · info@smpk.kr

ⓒ 김승호(저작권자와 맺은 특약에 따라 검인을 생략합니다)
ISBN 978-89-6570-241-2(03320)

쌤앤파커스(Sam&Parkers)는 독자 여러분의 책에 관한 아이디어와 원고 투고를 설레는 마음으로 기다리고
있습니다. 책으로 엮기를 원하는 아이디어가 있으신 분은 이메일 book@smpk.kr로 간단한 개요와 취지,
연락처 등을 보내주세요. 머뭇거리지 말고 문을 두드리세요. 길이 열립니다.

사람이 운명이다

지금 당신이 만나는 사람이
당신의 운명을 만든다

김승호 지음

쌤앤파커스

차례

귀한 인생, 천한 인생

2
누구를, 어떻게, 만나느냐에 따라
당신의 운명이 바뀐다

귀한 처세가 귀한 운명을 만든다

4 타고난 운명에 머물지 마라

인생의 모든 길흉화복은
만나는 사람으로부터 시작된다

　인생을 살아감에 있어 그 누구도 '운'을 배제할 수 없을 것이다. 천지 대자연의 현상은 인간에 이르러 '운'이라는 보이지 않는 힘으로 영향을 준다. 산천초목이나 짐승, 벌레 등은 딱히 운명이랄 것이 없다. 하지만 인간은 만물의 영장으로서 영혼이 하늘과 맞닿아 있다. 그래서 운이라는 것이 존재하는 것이다. 하늘은 운을 도구로 사용해 천하를 경영한다.

　살다보면 누구나 알게 되는 것이 있다. 운이라는 것이 인생의 어떤 순간에 불쑥 나타난다는 사실 말이다. 이것은 능력이나 노력으로 극복할 수 없는 것으로서, 하늘의 독자적인 섭리다. 세상은 운이 먼저 움직이고 나서 자연현상이 그 뒤를 따른다. 전문가가 아니더라도 우리 주변을 살펴보면 곳곳에 운이 작용하고 있음을 알 수 있다.

　기실 인간의 능력과 상관없이 운이 좋고 나쁨에 따라 행불행이 결정되는 일이 허다하다. 다 된 일이 어이없는 이유로 틀어지는 경우가 있다. 직접 경험해본 사람도 있을 것이고, 주위 사람들이 그런 일을 겪었다는 이야기를 들어본 적도 있을 것이다. 반대로 별로 힘들이지 않았는데 행운이 찾아와 소위 대박이 나는 경우도 있다.

이처럼 운이라는 것은 우리의 현실과 밀접하게 관계되어 있다. 운이 좋은 사람은 분명 살아가는 것이 훨씬 쉽다. 모든 일이 막힘없이 척척 풀려나가기 때문이다. 반면 운이 나쁜 사람은 아무리 노력하고 애써도 결국 나쁜 쪽으로 끝이 난다.

인생사 모든 것이 운명이라는 말은 아니다. 단지 운이 삶의 여러 요소 중에서 절대로 빼놓을 수 없는 아주 중요한 한 부분이라는 것을 말하는 것이다. 운은 분명히 있고 또한 그것은 끊임없이 우리에게 영향을 미치고 있다. 우리가 의식하지 않는 순간에도 운은 무엇인가를 준비하는 중이다. 이것이 무서운 현실이다. 공자는 "군자가 가장 두려워하는 것이 운명이다."라고 말한 바 있다. 그러니 우리는 운에 대해 항상 겸손해야 한다. 또한 경건함과 두려움도 잊어서는 안 될 것이다. 세상은 운에 의해 언제 어떻게 변할지 아무도 모른다. 그러니 삼가 조심해야 한다.

그런데 다행스러운 것은, 우리 자신이 운을 만들어낼 수도 있다는 것이다. 하늘은 무책임하고 난폭하게 운을 만들지 않는다. 사람의 본성에 따라 적절하게 부여한다. 이것을 알면 얼마든지 운을 조절할 수 있다. 이 책은 운을 만드는 방법에 대해 논하는 책이다. 특별히 어려운 것은 없다. 우주의 모든 운행이 상식적인 범위 내에서 이루어지듯, 운의 법칙도 자연스러운 원리에 의해 이해될 수 있는 것이다.

운의 창조 또는 조절은 근본적으로 3가지 요소에 의해 이루어지는데, 이른바 천지인天地人 삼재三才가 그것이다. 이 중에서 천天의 요소는 나의 전작 《돈보다 운을 벌어라》에서 다루었고, 지地의 요소는 《사는 곳이 운명이다》에 자세히 소개했다. 이 책은 세 번째인 인人의 요소를 다루고 있다. 앞선 책에 이은 완결편이라고 생각하면 된다.

여기서 인의 요소란 사람을 만나 처세를 통해 이루어지는 운명개선의 방법을 뜻한다. 하늘에는 때가 있고, 땅에는 이익이 있으며, 인간에게는 조화가 있다. 이것이 대자연의 근본적인 섭리다. 여기서 특히 인간을 만나고 그 사이에서 이루어지는 처세는 단시간 내에 운명을 창조할 수 있는 것이다. 그래서 다른 어떤 요소보다 최우선적으로 유의해야 할 점이다. 운명은 누구를 만나고, 어떻게 처세하느냐에 따라 달라진다. 이것이 이 책의 중심과제로서 여러 가지 상황을 상세히 조명했다.

세상을 산다는 것은 곧 사람을 만나 함께한다는 뜻이다. 그러므로 그 방법을 연구하는 것은 절대적으로 중요하다. 인생은 운명에 의해 돌아가지만, 살면서 그 운명을 우리가 만들어갈 수도 있다. 이것은 죽는 날까지 순환하면서 이어진다. 우리는 이 굴레에 총명하게 관여함으로써 좀 더 행복한 삶을 이룩할 수 있을 것이다.

나는 독자 여러분이 이 책에서 사람을 만나는 방법과 대하는 자세를 터득함으로써 운명을 크게 개선할 수 있을 것이라고 굳게 믿는다.

독자 여러분의 행복을 기원하며
2015년 천진도관에서 김승호

귀한 인생,
천한 인생

1

재수 좋은 행위는 특별한 것이 아니다. 선한 행실, 그 자체를 말한다. 다른 말로 하면 좋은 처세가 된다. 세상을 바르게 살면 행운이 온다는 것이 얼마나 자연스러운가! 세상을 바르게 산다는 것은 또한 무엇인가? 이는 인간을 대함에 있어 그 뜻과 태도가 옳다는 뜻이다. 삶에 대한 모든 행실, 그것이 바로 인생 그 자체인 것이다. 인생을 제대로 산 사람과 그렇지 않은 사람은 무한한 차이가 있다. 성공과 실패, 행복과 고통, 안정과 험난함, 여유와 빈곤 등은 사는 동안 어떻게 행동했느냐의 결과일 뿐이다.

주역이 알려주는 '잘 사는' 방법

'처세處世'라는 말을 들어보았을 것이다. '처세에 능하다', '처세에 밝다'라고 말하면 부정적인 뜻으로 받아들이는 사람들도 많은데, 사실 한자를 직역하면 처세란 '세상에 있음'을 뜻한다. 국어사전에는 '사람들과 사귀며 살아감'이라고 나와 있는데, 결국 살아서 활동한다는 의미이고 인생 자체를 말한다. 세상을 잘 살려면 사람들과 잘 사귀어야 마땅할 테니, 처세란 '잘 사는 방법' 혹은 '세상을 좀 더 잘 살기 위한 훌륭한 행위'라고 할 수 있다.

그런데 여기서 놓치지 말아야 할 것이 '훌륭한'이다. '좀 더 잘 살기 위한'이 필요조건이라면 '훌륭한'은 충분조건인 것이다. 무엇이 잘 사는 것인지, 무엇이 훌륭한 것인지는 딱 잘라 말할 수 없다. 어떤 행위가 우리의 운명을 좋은 쪽으로 끌고 가는지, 어떤 처세가 우리의 운명을 험난하고 우울한 방향으로 끌고 가는지, 이것들은 차차 밝혀나가는 것이 이 책의 중심과제다.

운명은 천天, 사회활동은 지地, 인격수양은 인人

만물의 작용은 크게 나눠 3가지 절대요소로 이루어져 있다. 이른바 천지인인데, 이것의 섭리가 주역의 근간을 이루고 있다. 천지인의 섭리는 우주의 모든 사물에 적용되지만 인간에게도 빼놓을 수 없는 요소다. 인간은 천지인의 3가지를 갖추면 완벽에 가까워질 수 있다.

인간의 운명에 관한 문제도 이 3가지 범주를 넘지 않으므로, 운명에 관심이 있는 사람은 이 개념을 반드시 익혀 두어야 할 것이다. 천지인의 개념은 너무나 광대하여 100권의 책으로도 그 섭리를 다 설명할 수 없지만, 여기서는 최대한 간추려 그 개요만 간단히 알아보겠다.

주변을 살펴보면 3이라는 숫자가 아주 흔하게 보인다. 아버지, 어머니, 자식, 이는 가정의 3가지 요소다. 국가에는 정부, 국회, 법원이 있다. 인간에게는 지智, 덕德, 체體, 즉 지혜와 인격, 건강이 필요하다. 영혼의 성품은 지성과 정서, 의지인데, 이른바 지知, 정情, 의意다. 신선은 정精, 신神, 기氣의 3요소를 영원히 수련한다. 세상은 하늘과 땅 그리고 인간으로 이루어져 있다.

이처럼 온 천지가 3으로 가득 차 있다. 주역에서는 이를 삼재라 하여

대자연의 작용을 이로써 다 설명한다. 인생을 예로 들어 삼재의 개요를
풀어보자.

　사람에게는 운명이란 것이 있다. 이는 하늘天에 해당되는 것으로서,
인생의 3대 요소 중 하나다. 그다음은 지地로서 이는 사회적 활동을 의
미한다. 인간은 열심히 일하면서 살아야 하는 것이다. 세 번째가 인격수
양인데, 이것은 인생의 세 번째 요소로서 모든 행동의 기본이다. 인생의
완성은 여기서 이루어진다.

　천지의 작용은 하늘로부터 시작하여 땅에 닿아 마침내 인간에 이르
러 완성된다. 천지인 삼재는 각각 그 성품이 있는바, 하늘은 양이고 땅
은 음, 인은 조화이다. 우리가 갖추어야 할 것도 바로 이 3가지다.

　먼저 하늘을 본받아 생명력과 창조력을 길러야 한다. 이는 양의 본성
을 함양하는 것이다. 영원히 되살아나는 의지, 무한한 꿈, 힘차게 나서
는 것, 사랑, 깨끗함, 불굴의 투지, 인격, 모험 등이다. 다음은 지의 덕으
로서 아름다움을 가꾸고, 매사를 근면하게 돌보고, 수긍하고, 따르고, 세
상에 위업을 이루고 보전하는 것 등인데, 이는 음의 성품을 함양하는 것
이다. 세 번째는 인의 덕으로서 이는 공존의 논리다. 또한 중용이고, 예
절이며, 협동이다. 결국 세상의 모든 일은 양과 음, 그리고 이것의 조화
로서 이룰 수 있는 것이다.

이제 한 개인을 놓고 생각해보자. 사람에게는 종교, 도덕, 인격 등이 있다. 이러한 정신적인 측면은 천에 해당된다. 인생의 1/3은 반드시 여기에 역점을 두어야 한다. 그다음으로는 가족이 있다. 이는 지에 해당되는 것으로서, 1/3의 힘을 여기에 쏟으면 된다. 마지막은 인으로서, 나 자신이다. 이는 종교나 도덕, 하늘도 아니고, 혈연도 아닌, 나 자신만의 세계를 뜻한다. 사람은 반드시 자신만의 세계가 있어야 한다. 지나치면 곤란하겠지만 1/3 정도면 족하다.

달리 설명해보자. 나 자신, 우리, 그리고 나와 우리를 제외한 모든 것인데, 여기서 나는 인이고, 우리는 지이고, 그 외의 모든 것은 하늘이다. 나와 우리, 모든 것의 필요성은 평등하다. 우선 내가 있고, 나아가 가족과 동지가 있으며, 더 나아가 하늘이 있는 것이다. 순서는 어떻게 생각해도 좋다. 3가지를 반드시 갖추어야 한다는 사실이 중요하다. 노자는 《도덕경》에서 이렇게 설명했다.

"만물은 음을 지고 양을 안고 충기로서 화를 이룬다."

萬物負陰而抱陽 沖氣以爲和

이는 짊어질 것은 지地이고, 끌어안을 것은 하늘天이며, 화합을 이루는 것은 인人이라는 뜻이다. 세상을 살면서 문제가 생기면 이 3가지 방식으로 답을 생각해보라. 그러면 풀지 못할 문제가 없다.

나쁜 운명에 휘말리는 원인

세상에는 아주 다양한 사람들이 살고 있다. 그런데 어떤 사람들은 만족스러운 삶을 영위하고 어떤 사람들은 그렇지 못하다. 태어날 때부터 편안한 삶의 조건이 갖춰진 극소수의 사람들도 있긴 하다. 돈이 많고 권력이 대단한 집안에서 태어난 사람은 그리 어렵지 않게 인생을 풀어나간다. 반면 아주 어려운 조건에서 태어나는 사람도 있다. 신체적인 장애를 가지고 태어났다거나, 부모가 너무 가난하여 생존경쟁에 항상 뒤처질 수밖에 없는 사람들도 있다.

어째서 이런 운명을 타고나는 것일까? 왜 차이가 생기는 것일까? 수많은 이유가 있을 테니 그것을 다 파헤쳐 규명할 수는 없다. 여기서는 극단적인 경우를 제외하고 평범한 우리네 인생에 대해 생각해보겠다. 누가 나쁜 운명에 휘말리는가? 반면 누가 출세를 하는가?

뇌수해

'출세'라는 단어를 너무 거창하게 생각하지는 말자. 그저 별 탈 없이 살아가고 남보다 조금이라도 만족할 수 있으면 그것이 바로 출세다. 출세의 개념은 주역에서 뇌수해雷水解라고 하는바, 이는 험난함에서 벗어났다는 뜻이다. 우리의 인생은 일단 험난함에서 벗어나는 것이 목표다. 더 큰 행복은 그 뒤에나 이룰 수 있기 때문이다. 안정된 직업 혹은 직장을 구한 사람이 있다면, 안정을 이룩했다는 것 그 자체로 그는 이미 출세한 사람이다. 그렇지 못한 사람도 무수히 많지 않은가?

내가 아는 어떤 사람은 40여 년 전부터 거리를 돌아다니며 보잘것없는 물건을 팔고 있는데, 지금까지도 그렇게 살고 있다. 이것이 그 사람의 운명이든 아니든, 그는 긴긴 세월 동안 험난함에서 벗어나지 못한 것이다. 험난함 속에 있는 사람은 하루하루가 고통의 연속일 뿐만 아니라, 앞날에 더 큰 불행이 기다리고 있을지도 모른다.

험난함 속에 오래 있어서는 안 된다. 사람에게는 어느 정도의 안정이 필요하다. 그러나 안정된 삶이 어디 그리 쉬운가? 아주 어렵다. 그렇다면 험난함에서 탈출하는 방법은 무엇일까? 나이가 어린 사람은 아직 그의 앞날을 예단할 수 없다. 하지만 나이가 든 사람은 어느덧 운명이 결정되어져버렸다. 어떤 사람은 험난함에서 벗어나 더 큰 행복을 향해 질주하는가 하면, 또 다른 사람은 험난함 속에서 계속 허우적거리고 있다.

이러한 운명들은 도대체 어떻게 발생했을까? 그것은 오랜 시간을 거쳐 서서히 이루어진 것이지만, 그 안에는 수많은 기회가 있었을 것이다. 좋아질 기회와 나빠질 기회! 크고 작은 수많은 기회! 인생은 기회의 연속이다. 그리고 그 기회는 선택의 순간들로 길게 이어져 있다. 선택의 순간, 즉 기회는 언제 나타날지 알 수 없다. 하지만 우리가 기회의 바다에서 살고 있는 것은 분명하다. 이 속에서 운명도 결정된다. 잘 선택하여 꽃을 피우면 위로 올라가고, 잘못 선택하면 꽃은커녕 바닥으로 추락하는 법이다. 그러므로 인생은 처절한 선택의 전장戰場이라 할 수 있다. 그 속에 절망과 희망이 함께 뒤섞여 있다.

기회의 순간에 훌륭한 선택을 할 수 있는 사람이 운명을 바꿀 수 있다. 그러한 선택의 능력과 지혜는 거저 얻어지는 것이 절대 아니다. 평소에 갈고 닦으며 무한히 노력해야 한다. 그리하여 선택의 능력을 갖추었다면 그는 진정으로 출세를 향해 나아갈 수 있다. 좋은 운명을 이끌어 내는 씨앗이 인생이라는 대지에 심어진 셈이다.

모든 행동은 정신에서 나온다

인간의 모든 행동에는 외부에 나타난 구체적인 동작 외에 그 내면에 어떤 관념이 깃들어 있다. 예를 들어 미소를 짓는다면 그 뜻은 친절이나 호의를 품었다는 것이다. 물론 겉 다르고 속 다를 수도 있다. 이럴 경우 그 행동은 진정성이 없다. 건성이라고도 말한다.

사람이 행동할 때 그것이 내면과 부합되면 느낌이 다르다. 보통 진지하다고 말하는데, 행동에 대한 평가는 무수히 많다. 겉보기만 그럴싸하다, 깊이 있다, 성실하다, 순수하다, 과장되었다, 천박하다, 옹졸하다, 사교적이다, 예의바르다 등 인간의 행동에는 그 내면의 상태가 엄연히 작용하는 것이다.

한 가지 일화를 소개하겠다. 피아노를 전공한 어떤 교수가 기술을 더욱 향상시키려고 그 분야의 위대한 스승을 만났다. 교수는 자신을 평가해달라고 말하며 스승 앞에서 한 곡을 연주했다. 연주를 마친 교수는 속으로 훌륭한 연주였다고 자찬했고, 스승도 감동했을 것이라고 굳게 믿었다. 이때 스승이 말했다.

"자네가 지금 연주한 악기가 무엇인가?"

교수는 잠깐 놀랐지만 농담이려니 생각했다. 그러나 스승의 표정은 너무나 진지해서 정말 악기가 무엇인지 모르는 듯 보였다. 교수는 할 수 없이 사실 그대로 대답했다.

"피아노입니다."

그러자 스승의 말이 이어졌다.

"피아노가 그렇게 시끄러운 악기인가?"

이번에는 교수도 정말로 놀랐고, 그제야 상황을 파악했다. 자신의 피아노 실력이 형편없다는 것을…. 교수의 표정이 일그러졌다. 평생 갈고 닦은 피아노 실력이 보잘것없었던 것이다. 교수는 무릎을 꿇고 정중하게 가르침을 청했다. 스승은 교수의 자세를 보고 고개를 끄덕인 후 천천히 말했다.

"자네의 음악에는 정신이 담겨 있지 않네."

"네? 무슨 말씀이신지요?"

교수는 자신의 실력을 아직도 변호하고 있는 것이었다. 스승의 말이 들려왔다.

"자넨 그저 손가락으로만 음악을 하는구먼. 더 이상 가르칠 게 없네, 이만 가보게…!"

교수는 물러나올 수밖에 없었지만, 커다란 깨달음을 얻었다.

한 가지 일화를 더 소개하자. 일본의 검성劍聖 미야모토 무사시는 고란도 노스케라는 대가를 찾았다. 무사시는 당대 최고라고 알려진 노스케라는 노인을 상대로 자신의 실력이 한 수 위라는 것을 보여주고 싶었다. 노인은 뒤돌아서 있었는데, 갑자기 돌아섰다.

무사시는 순간 노인이 곡괭이로 내려찍은 것을 느끼고 급히 물러서다가 그만 주저앉았다. 그러나 노인은 그저 돌아섰을 뿐이었다. 무사시는 긴장한 나머지 허깨비를 본 것이었다. 노인은 고개를 천천히 저으며 실망한 표정을 짓고 말했다.

"자네의 정신은 어디 있는가?"

미야모토 무사시는 무릎을 꿇고 이마를 땅에 대고 자책과 감동의 눈물을 흘렸다. 그 순간 노인은 홀연히 사라졌다. 그 후 무사시는 더욱 정진하여 검성이 되었다고 한다.

두 이야기는 인간의 행동 속에 깃들어 있는 정신의 중요성을 말하는 것이다. 요점은 모든 기술은 정신에서 나온다는 것이다. 인간의 행위에 있어 그 정신이 위대하지 않거나 진정성이 없으면 그 동작은 기술에 불과하다. 이럴 때는 미소가 아첨이 되는 것이다. 총명함도 정신이 불순하면 비겁함의 다른 이름일 뿐이다.

반면, 인간의 행위 속에 훌륭한 정신이 깃들어 있고, 진실한 아름다움이 있다면 이는 기술이 아니라 도道라고 말한다. 도라는 단어는 수많은 곳에 사용되고 있는데, 기술과는 그 뜻이 현저히 다르다. 인간이 추구하는 모든 행위는 처음엔 기술을 습득하는 것으로 시작된다. 그러나 그 후에 경지가 높아지려면 반드시 정신세계를 연마해야 하는 것이다. 즉, 도에 이르는 것이다.

인간을 대하는 행위에는 깊은 정신이 깃들어 있어야 한다. 그것이 귀한 인생과 천한 인생을 나누는 결정적인 요인이다. 흉내만 내면 얄팍한 사람으로 낙인이 찍힐 수도 있다. 흔히 인간이 추구하는 바가 훌륭할 때 '포부가 크다'고 말하는데, 운명에 관해서도 처음부터 큰 포부를 갖고 임

해야 한다.

예전에는 왕이나 그 친척들이 배워야 하는 필수학문으로 '제왕학'이라는 것이 있었다. 국가를 통치하는 사람들에게는 서민들과 다른, 광범위한 지식을 배워야 할 필요가 있었던 것이다. 여기에는 궁중의 법도를 포함해서 세상을 바라보는 눈, 귀한 사람들끼리 만나서 대화하는 법, 사람에 대한 마음가짐 등 세세한 부분까지 포함되어 있었다. 그 후 제왕학은 고급 관리들에게까지 확산되어 갔고, 왕뿐만 아니라 귀한 사람, 더 나아가서는 부유한 사람, 사회 지도층이나 지식인, 교양 있는 사람들의 필수과목으로 자리 잡게 된 것이다.

제왕학의 내용은 두 가지로 크게 나눌 수 있다. 첫째는 최상의 교양인이 반드시 배워야 할 세상의 여러 지식이고, 둘째는 바로 처세다. 처세는 지휘고하를 막론하고 누구나 반드시 익혀야 하는 지식이기 때문이다. 이렇다 보니 제왕학으로 시작된 오래된 학문은 처세학으로 결론이 내려지게 되었다. 물론 처세라 해도 그 수준과 등급이 다르다. '최고의 처세'에는 제왕학의 의미도 담겨 있어서, 그 내용을 깊게 파고들면 철학과 도덕, 사회뿐만 아니라 인간의 본질까지 밝히고 있다.

선한 자에게는 남은 경사가 있다

인간은 누구나 출세를 염원하며 살아간다. 출세는 성공과 같은 뜻으로, 소박한 경우도 있고 거대한 경우도 있다. 거대한 성공은 요즘 말로 대박이라고 하는데, 이는 노력 이상의 성과를 얻은 것이기 때문에 누구나 바랄 수는 없는 일이다. 하지만 보통 출세라고 하는 것은 편안함을 뜻하는 정도로서, 누구나 바라볼 수 있다. 물론 아무리 작은 성공이라도 거저 얻을 수 있는 것은 아니다. 특히 수많은 사람이 경쟁하는 사회에서 남보다 앞서 정착하려면 운도 필요하고 각별한 노력도 필요하다.

나에게 복을 주는 사람을 만나고 귀하게 처세하면 반드시 성공하는가? 반드시 운명이 바뀌는가? 많은 사람들이 이를 궁금해한다. 여기서 중요한 것은 '반드시'라는 것이다. 그저 '성공할 확률이 높아진다'고 하면 맥이 빠진다. 반드시 성공할 수 있는지가 궁금할 뿐이다. 좋은 운명을 기대한다면, 막연히 생각만 해서는 안 된다. 내가 《돈보다 운을 벌어라》에서 여러 번 강조했던 것처럼, 운이 좋아지길 바라고 원해야 한다. 운명에 신경을 쓰고 정성을 들여야 한다는 뜻이다.

잘 생각해보자. 운명이란 것은 도대체 어떻게 발생하는가? 그것은 길게 말할 것도 없이 인간의 행실에 의해 발생한다. 재수 없는 행동만 일삼는 사람은 미래도 재수 없는 법이다. 반면 행실이 위대한 사람은 반드시 좋은 미래가 온다.

정말 그럴까? 그것을 어떻게 보장할 수 있는가? 이는 다소 난해한 문제다. 책을 한 권 읽는다고 해서 단번에 이해할 수 없다는 뜻이다. 운명의 원리는 아주 심오하기 때문에 여기서 다 얘기할 수는 없다. 하지만 옛 성인이 아주 간단한 말로 그 섭리의 핵심을 밝혀 놓았다.

"행실이 선한 자에게는 반드시 남은 경사가 있다."

積善之家 必有餘慶

재수 좋은 행위는 특별한 것이 아니다. 선한 행실, 그 자체를 말한다. 다른 말로 하면 좋은 처세가 된다. 세상을 바르게 살면 행운이 온다는 것이 얼마나 자연스러운가! 세상을 바르게 산다는 것은 또한 무엇인가? 이는 인간을 대함에 있어 그 뜻과 태도가 옳다는 뜻이다.

삶에 대한 모든 행실, 그것이 바로 인생 그 자체인 것이다. 인생을 제대로 산 사람과 그렇지 않은 사람은 무한한 차이가 있다. 성공과 실패,

행복과 고통, 안정과 험난함, 여유와 빈곤 등은 사는 동안 어떻게 행동했느냐의 결과일 뿐이다.

그렇다고 치자. 그래도 좋은 날은 언제 오느냐고 강력하게 묻고 싶은가? 언제? 반드시? 이에 대해 말하는 것이 이 장의 주제다. 어려운 문제는 아니다. 언제 이기는 날이 오느냐에 대해 손자孫子가 말한바 있다. 처세가 훌륭하다는 것은 악운과의 싸움에서 이길 수 있는 병법과도 같은 것이다. 손자는 이렇게 말했다.

"지지 않을 자리에 서서 이길 수 있는 때를 기다린다."

효於不敗之地 而不失敵之敗也

이 말을 운명에 관한 표현으로 다시 말하자.

"불행해지지 않을 자리에 서서 좋은 날을 기다린다."

이를 다시 도박꾼의 표현으로 번역해보자.

"잃지 않을 자리에 서서 딸 수 있을 때를 기다린다."

다소 막연한가? 처세의 측면에서 말해보자.

"실패하지 않을 태도를 유지하면서 성공할 날을 기다린다."

이것을 설명해보겠다. 실패하지 않을 태도는 옳은 처세를 말하는바, 이런 사람은 후배들이 받들어주고, 선배들이 이끌어주며, 동료들은 함께 가자고 권유할 것이다. 그러니 일단 성공은 어렵지 않다. 확률적으로? 아니다. 인간은 경쟁적으로 성공하고자 한다. 그러기 위해서는 사람이 필요한 법이다. 좋은 사람은 누구에게나 필요하다. 확률로 말하자면 100% 이상이다.

병법의 달인인 손자는 '지지 않음이 곧 승리'라는 것을 깨닫고 있었다. 나 자신을 하늘 시장에 내놓았다고 생각해보라. 사람은 사람을 필요로 하기 때문에, 고운 짓을 하면서 기다리면 반드시 기회가 오게 되어 있다. 만약 당신이 사장이 되어 진급시킬 사람을 고른다면 어떤 사람을 진급시키겠는가? 당신이 사업을 한다면 누구와 거래하겠는가? 당신이 동업자를 구한다면 어떤 사람을 고르겠는가? 인간에게 필요한 무수히 많은 질문에 답은 하나다. 행실과 처신이 바른 사람! 이런 사람이 필요한 것이다.

손자의 가르침처럼 승리에 너무 집착해서는 안 된다. 좋은 사람을 만나고 그에게 올바르게 처세하고 나서 기다려야 한다. 기회는 많다. 아니, 넘쳐난다. 손자의 가르침은 무작정 행운을 기다리라는 것이 절대 아니다. 제대로 행동하면서 기다리라는 것이다. 열심히 일한 농부는 결실을 의심하지 않는 법이다.

죽는 날까지 인격을 높여라

사람은 누구나 때가 되면 죽을 수밖에 없다. 이른바 수명이란 것이 있어서 생명을 영원히 이어갈 수는 없다. 어릴 때는 미래가 무한히 열려 있다. 성장하고 발전하며 많은 것을 얻는다. 그러나 어느 시점이 되면 더 이상의 발전은 없고 삶이 정지한다. 오히려 하나씩 상실해가며 마침내 죽음에 이르게 된다. 슬픈 일이 아닐 수 없다.

반면 사람의 생명이 아닌 물건의 경우는 얼마든지 새로 장만할 수 있어서 슬플 일이 없다. 물건 값이 비쌀 경우는 오랜 세월 동안 조금씩 저축하여 물건이 파괴될 때를 준비할 수 있다. 이른바 감가상각비다. 자동차의 수명이 10년이라면 감가상각비를 계산하여 매달 그만큼씩 모으면 된다. 그러나 인간의 몸은 감가상각비를 아무리 많이 책정해도 소용이 없다. 젊음을 되돌릴 수는 없기 때문이다.

하지만 늙음에 대비해서 목숨까지는 되돌릴 수 없다고 하더라도 다른 것은 준비할 수 있을 것이다. 소위 '노후대책'이라는 것인데, 보통은 돈을 열심히 모아 나가는 것을 의미한다. 그러나 반드시 돈만 많이 모은다고 노후대책이 완벽해지는 것은 아니다. 예를 들어 건강을 열심히 쌓아 나가서 노인이 된 후에도 활기차고 튼튼하게 살 수 있다면 이는 돈 못지않게 중요한 노후대책이다.

그래서 미래를 위해 돈과 건강을 준비해간다고 하자. 더 준비할 것은 없는가? 있다. 그것은 바로 마음의 노화를 방지하는 것이다. 늙음이란 몸에만 찾아오는 것이 아니다. 마음에도 찾아온다. 그리하여 삶의 질을 급격히 하락시킨다.

누구나 알고 있듯이 노인이 되면 정신력이 쇠해지고 심지어 파괴되어 남과 어울리는 일이 젊은 시절과 같지 않다. 늙으면 인격마저 상실되는 것이다. 그런 사람은 어린 애처럼 굴거나, 까다롭고 멍청해진다. 남에게 불쾌함이나 불편함을 주기도 한다. 젊었을 때는 전혀 그런 사람이 아니었는데도 그렇게 변한다. 사실 이것이 가장 슬픈 일이다. 몸에서 힘이 빠져나가는 것은 어쩔 수 없다고 쳐도, 정신까지 그래서야 되겠는가? 인간은 정신적 존재라고 그토록 열변을 토하며 주장하던 사람도 볼품없이 변하게 된다. 그런 모습을 보면 허무하기 그지없다.

만약 인간이 나이 들어서도 정신 혹은 인격이 그대로 유지된다면 인생이 얼마나 위대해지겠는가? 그러나 인격을 유지한다는 것은 그리 쉬운 일이 아니다. 젊어서 추구하던 인격, 교양, 가치관 등은 어느새 사라지고 속물로 변하는 것이다.

어째서 이런 상황이 나타나는가? 그것은 인격에도 수명이 있기 때문이다. 인간은 열심히 물질을 추구한다. 책도 읽고, 인격도 쌓다가 머지않아 슬쩍 꼬리를 내린다. "인격이 밥 먹여주나?"라고 외치면서 눈앞에 보이는 이익만을 추구하고 위대한 성품은 정신줄을 놓듯이 놓아버린다. 이른바 속물이 되는 것이다.

내가 오랜 세월 사람을 관찰해보니 보통 사람은 대개 50세 정도가 되면 인격수명이 다하는 것 같다. 사람에 따라 다소 차이가 있지만 50세쯤 되면 속물인생이 시작되는 것이다. 정말 그렇게 되어도 괜찮은가? 아니다. 인간다운 삶을 놓아버릴 수는 없다. 어떻게 하든 인격수명을 늘려야 한다. 소크라테스가 이렇게 말했다.

"왜 여러분은 현실의 부귀영화를 추구하는 것만큼 인격을 추구하지 않습니까…?"

공자는 노년에 이르러 이렇게 말했다.

"마음이 원하는 대로 행동해도 법도에 다 맞았다."

從心所欲 不踰矩

위대한 사람이란 본시 몸이 늙어도 마음은 늙지 않는 법이다. 보통 사람들은 몸이 늙어감에 따라 정신도 늙어간다. 하지만 우리의 인격은 반드시 나이 들어가면서 상실되거나 파괴되어야 하는 것은 아니다. 평소에 관리를 소홀히 하면 그렇게 될 뿐이다.

강력히 당부하고 싶다. 인격수명을 늘리라고…. 죽는 그날까지 말이다. 인생이란 인격이 높으면 높을수록 행복해지는 법이다. 그리고 강해진다. 힘 있는 젊은이보다 훨씬 강해지는 것이다.

인격수명을 늘리는 좋은 방법이 있는가? 옛사람이 말한 많은 방법들이 있다. 젊어서 많은 책을 읽고, 위대한 사람이 되겠다는 포부를 키우고, 매사에 반성하고, 몸과 마음을 항상 경건히 하고, 인격의 가치를 추구하고, 성인의 가르침에 충실하고, 하늘을 공경한다면 인격수명은 끝나지 않을 것이다.

건위천

《주역》에서는 건위천乾爲天이라는 괘상에 대해 '군자이자강불식君子以自强不息'이라는 말로 설명한다. 이는 하늘의 섭리를 이어받는다는 뜻이다. 그러니 영원히 수행을 멈추지 말아야 할 것이다. 그리하여 인격이 아주 높아진다면 죽음도 두렵지 않게 된다.

운명의 돌파구를 여는 원리

막막한 현실에서 운명을 바꾸고 싶다면 어디에서부터 돌파구를 찾아야 할까? 현대인들은 극소수를 제외하고는 사회생활의 유형이 비슷하다. 대학을 나와 직장에 다니고, 수십 년간 그 생활이 지속될 뿐 별 뾰족한 방법이 없다. 미래가 빤히 보이지 않는가! 기껏해야 회사에서 진급하고, 주어진 한계 내에서 번 돈을 쓰며 계속 나이 먹어가는 것이다. 오늘날 거의 모든 사람이 이러한 인생 패턴을 벗어나지 못하고 있다.

그렇다면 운명의 돌파구라는 것은 어떻게 찾을 수 있는가? 이것에 대해 알아보자. 이 문제는 아주 중요하다. 한계가 자명한 생활에 갇힌 사람은 처세를 아무리 잘한다고 해도 미래가 특별히 달라질 게 없기 때문이다. 독자 여러분은 지금 어떤 한계에 갇혀 있는가? 이 문제에 대해 심도 있게 다루어보자.

우선 묻겠다. 당신은 '잘 살고' 있는가? 확실히 생각해보고 대답하기 바란다. 돈이 많은가를 묻는 게 아니다. 당신은 지금 어떤 한계에 갇혀 있을 것이다. 가정문제든 직장문제든 자식문제든, 누구나 저마다의 감옥에서 산다. 하지만 감옥 같은 그곳에서 최선을 다하고 있는가? 나는 지금 그것을 묻고 있는 것이다. '최선最善'이라는 단어의 뜻을 먼저 생각해보자. 최선이란 원래 객관적으로 뛰어나다는 뜻인데, 대개의 사람들은 '능력껏, 할 수 있는 데까지 해보는 것'으로 이해하고 있다. 사실 개인이 능력껏 하는 것으로는 최선이라고 할 수 없다.

그렇다면 질문을 바꿔보겠다. 당신은 현재 세상을 살아가는 데 있어 고칠 것이 더 없는가? 전혀 없다고? 그렇다면 당신은 아직 제대로 된 대답을 못하고 있다.

질문을 한 번 더 바꿔보자. 당신은 현재 주변 사람으로부터 존경을 받거나 각광을 받고 있는가? 많은 사람들이 당신을 좋아하고, 가까이하고 싶어 하는가? 얼마나 그런가? 아마도 당신은 다른 사람에게 그저 그런 보통 사람으로 보이고 있을지도 모른다. 그래도 무시당하며 살지는 않는다고? 그것은 남에게 미움 받고 있다는 뜻과 다르지 않다. 또한 남에게 위력을 행사하는 것 역시 존경받는 것과는 거리가 멀다.

공자는 "군자는 위엄이 있으되 사납지 않다威而不猛."고 말했다. 여기서 위엄이란 최소한의 품위를 말하는 것이다. 이는 의무를 얘기한 것뿐이다. 그러나 우리는 여기서 한발 더 나아가야 한다.

다시 묻겠다. 당신은 더 고칠 것이 없는가? 이 질문은 이렇게 바꾸어 말할 수 있다. 당신은 윗사람에게 사랑받고, 아랫사람에게 존경받으며, 벗들에게는 신임을 받는가? 아주 대단히 그러한가를 묻는 것이다. 점수로 치면 100점에 가까운가? 평균을 넘는다고? 그 정도로는 부족하다. 현재 그저 그렇다면 필경 먼 미래에도 지금과 비슷하거나 오히려 퇴보해 있을 것이다. 그러면 성공은 꿈도 꾸지 말아야 한다.

그렇다면 어떻게 해야 한단 말인가? 간곡히 답을 말하겠다. 인간관계는 거의 만점을 받아야 한다. 물은 99도에서는 끓지 않는다. 임계점에 도달해야만 돌파구가 열린다. 좋다. 제한된 곳에서나마 최선, 즉 거의 만점에 가까운 인간관계를 한다고 하자. 그것이 어쨌단 말인가? 그것으로 인생역전을 이룰 수 있다는 말인가? 그렇다! 그렇다!

여기서 대자연의 이치를 살펴보자. 운명의 원리라고 해도 좋다. 흐르는 물을 보자. 흐르고 또 흐른다. 웅덩이를 만나면 잠시 멈추어 그 웅덩이를 채우기 시작한다. 그리고 마침내 다 채우면 넘치고 또 다시 흐르는 것이다. 운명도 이와 같다. 현재에 더할 것이 없을 정도로 최선을 다하면, 웅덩이가 가득 차 넘치는 것과 같이 신기하게도 새로운 돌파구가 열리는 법이다.

주역에 이런 말이 있다. "사물의 이치는 궁한 즉 변하고, 변한 즉 통한다窮卽變, 變卽通." 사물은 임계치에 도달하면 먼 곳으로부터 뚫리게 되어 있다. 현재 상황에서 더할 나위 없이 최선을 다하면(그리고 실제로 최고에 이르면) 갑자기 예상치 못한 상을 받든, 진급을 하든, 로또가 당첨되든, 반드시 무엇인가 새로운 것이 도래한다는 것이다.

예를 들어 장사를 한다고 치자. 손님이 드물다고 해서 가끔 오는 손님에게 아무렇게나 해도 되는가? 아무리 손님이 드물어도 가게에 손님이 오면 최선을 다해 친절하게 맞이해야 한다. 손님이 없어도 가게를 청결하게 유지하고, 항상 베푸는 마음을 가지고, 가게 바깥에서도 곱게 살면 결국에는 장사도 잘된다. 현재 자신이 있는 곳에서 잘하면 멀리 있는 좋은 운명이 반드시 찾아오게 되어 있다.

직장에서 동료들과 힘써 어울렸는가? 주위 사람들에게 늘 명랑한 모습을 보였는가? 사소한 서비스라도 진심으로 베푼 적이 있는가? 어려움에 처한 누군가를 편들어준 적이 있는가? 계산 없이 작은 선물을 나누어준 적이 있는가? 누군가가 내기 전에 먼저 찻값을 낸 적이 있는가? 스스로 사무실 청소를 한 적이 있는가? 남을 돕기 위해 퇴근을 미룬 적이 있는가? 옆 부서 사람과 마주치면 깍듯하게 인사를 했는가? 회식자리에 끝까지 남아 있었는가? 겸손했는가? 남이 말하면 진지하게 듣고 고개를 끄덕여줬는가?

계속 적어나가면 100가지도 넘게 쓸 수 있다. 과연 당신은 그중에 몇 가지나 잘하고 있는가? 잘하고 있는 것이 넘치도록 많다면 운명의 신이 당신을 좋은 곳으로 끌고 갈 것이고, 주위 사람들도 당신을 높은 곳으로 올려줄 것이다. 다시 말해, 가득 채우면 넘쳐흐르는 것이 자연의 이치이자 운명의 원리다.

나쁜 운명에서 빠져나온 사람

나는 많은 사람으로부터 운명감정을 요청받는데, 무조건 거절한다.
바쁘기도 하거니와 평범한 일에 일일이 나서기가 귀찮아서다. 하지만 특
별한 경우는 종종 만나보기도 한다. 아주 다급하거나 곤란한 사람, 그리
고 목소리가 훌륭한 사람이 청할 경우다.

A는 목소리가 교양 있고 매력적이어서 만나보기로 결정했다. 밤 12시
무렵에 전화가 왔다. 나를 꼭 만났으면 좋겠다고 했다. 목소리가 너무 다
급한 듯하여 할 수 없이 그러마고 승낙했다. 한밤중에 그렇게 다급한 목
소리로 전화를 할 정도라면 만나주는 게 도리라고 생각했다. 그런데 A는
뜻밖의 얘기를 하는 것이었다.

"저, 내일은 시간이 없고 1주일 후에 다시 전화 드릴게요!"

어처구니없는 일이었다. 나는 "그러세요." 하고 잊어버렸다. 급한 일

이 아닌 것 같아서였다. 그러나 A는 1주일 후에 다시 나에게 전화를 했다. 마찬가지로 새벽 1시 무렵이었다. 이는 상당히 무례한 행동이지만, 나는 오히려 재미있는 사람이라고 생각하고 친절하게 전화를 받았다. A가 말했다.

"저…, 시간이 없어서 그런데요, 다음 달 중순쯤에 한번 찾아뵈어도 될까요?"

나는 속으로 꾹 참았다.

'거참, 무례한 사람이군! 그런데 사연이 뭘까? 간첩일까? 사기꾼일까? 뭔가에 쫓기는 사람일까? 사이비 교주일까? 나를 해치려는 사람은 아닐까? 미친놈이나 도적놈은 아닐까?'

어쨌거나 우스운 사람임에는 틀림없었다. 하지만 목소리 하나만큼은 상 줄 만했다. 그래서 한 달여를 흥미를 갖고 기다렸는데, 다시 전화가 왔다. 1주일 후 수요일 오후 1시에 잠깐 시간이 있다는 것이었다. 나는 그때 보기로 하고 전화를 끊었다.

그러고는 잠시 생각했다. A는 어떤 사람일까? 이제까지 나에게 한 행동만 보면 아주 바쁜 사람일 테고…, 목소리로 보면 팔자 좋은 사람이고…, 당돌하고 추진력이 있으며 밤에만 시간이 있는 사람이고(국정원 직원일까?)…. 결론은 운명에 문제가 있는 사람이었다.

드디어, 1주일 후에 A를 만났다. 이 사람은 얘기를 시작했다. 말도

조리 있게 잘했고, 교양 있는 목소리였다. 한마디로 귀한 자세였다. 이야기를 다 듣고 나니 A는 운명이 지독히 꼬여 헤어날 수가 없는 상태였다. A 역시 자신의 상황을 직시하고, 특별한 방법이 있을까 싶어 나를 찾아온 것이다. 나는 가능하다고 대답했다. A는 기뻐하면서 목소리를 높였다(그렇긴 해도 침착한 태도였다).

"정말요? 자신 있으세요, 선생님?"

"그렇습니다! 내가 지시한 것을 지킬 수만 있다면…."

A는 무조건 내가 시키는 대로 하겠다고 대답했다. 그래서 나는 그에게 운명개선의 처방을 내려주었다.

내용은 간단했다. A에게는 두 가지 문제가 있었다. 첫째, 지나치게 바쁘다는 것이었다. 빚을 빨리 갚기 위해서 열심히 일하는 것이라고 이유를 설명했다. 둘째, A는 자기노출이 너무 심했다. 단 한 번 만나 얘기한 것으로 그 사람의 지난 몇 년간의 심리상태와 현재 머릿속에 있는 생각까지 다 보였던 것이다.

이런 경우라면 험난함에서 빠져나오고 운명을 좋은 쪽으로 다시 바꿔놓는 것이 간단하다. 첫째, 돈을 만드는 데만 열중하느라 바쁘게 살지 말고, 시간을 만드는 데 온 힘을 다해야 한다는 것이다. 둘째는 자신을 많이 감춰야 한다는 것이다. 두 가지뿐이다. A는 놀라면서 반문했다.

"정말 그렇게 하면 여기서 헤어나올 수 있을까요? 얼마 동안이나 그렇게 하면 되나요?"

나는 단호하게 대답했다.

"빠르면 3개월, 늦어도 1년이면 운명이 바뀝니다!"

A는 내 말에 수긍하면서 뜻밖의 조건을 붙였다.

"선생님, 제가 만약 선생님께서 하라시는 대로 해서 운명이 고쳐지지 않으면 그 내용을 책에 공개하실 수 있나요? 실패했다고…."

그에게는 일종의 운명의 도전이었지만, 이 말에는 실패했을 경우 나를 원망하겠다는 뜻도 담겨 있었다. 하지만 나는 그러마고 확실히 말해 주었다.

그로부터 1년이 지난 후에 A는 다시 내 앞에 태어났다.

"선생님, 저는 요즘 행복해요. 말씀하신 대로 했더니, 정말 좋은 운명이 보이기 시작했습니다."

나는 속으로 다행이라 느꼈고, A에게 다짐을 받았다.

"잘됐군요! 그렇다면 이제 내 말이 맞았다는 것을 어디에든 공개해도 되겠습니까?"

A는 확실하게 대답했다.

"네! 그럼요."

수화기제

이상은 운명개선에 성공한 사례인데, 요점은 인간의 처세가 운명을 결정한다는 것이다. 지나치게 바쁜 것은 수화기제水火旣濟로서, 이

택지췌

괘상은 사건사고를 초래해서 일이 점점 더 꼬여간다는 것이고, 자기노출이 심한 것은 택지췌 澤地萃로서 복이 쌓이지 않는다는 뜻이다. 특히 여성이라면 남성이 도망간다. 현재 A는 시간의 여유를 만들어냈고 그와 함께 자신을 너무 드러내지 않음으로써, 점점 더 깊은 호수 같은 사람으로 변해가고 있는 중이다.

하늘은 스스로 고귀해지려는 사람을 돕는다

인간의 삶이란 반드시 인간끼리의 교류만을 뜻하지는 않는다. 어떤 사람은 인간세계를 등지고 산에 숨어서 대자연을 벗하며 살아가기도 한다. 그리고 또 어떤 사람은 인간도 포함하지만 그 이상의 절대세계와 접촉하면서 살기도 한다. 성직자나 도인 등이 그런 사람이다. 속세에 사는 평범한 사람도 신앙을 갖고 살기 때문에 그들도 절대세계와 감응하며 산다고 볼 수 있다.

여기서 절대세계라고 했지만 그것은 사람마다 다르기 때문에 콕 집어서 무엇이라고 얘기할 수는 없다. 절대세계는 사람에 따라서는 도道라고 할 수도 있고, 신이나 부처, 마호메트, 공자, 예수, 천지신명, 알라신, 제우스 등으로 불릴 수도 있을 것이다. 여기서는 그저 간편하게 '하늘'이라고 해두자.

하늘은 생과 사를 초월한 삶의 근원에 속한 절대가치일 것이다. 우리는 인생을 절대로 그러한 존재를 배제할 수 없다. 신이 없다고 주장하는 사람도 암암리에 절대가치를 인정하고 있을 것이다. 그것도 결국 하늘이다.

하늘은 인간 존재의 뿌리이고, 또한 우주의 관리자이기도 하다. 그렇기 때문에 우리는 하늘과 함께 살아간다고 볼 수 있는 것이다. 먹고사느라 바쁠 때는 현실에서 하늘의 존재를 자주 잊곤 한다. 하지만 불현듯 하늘의 존재를 느끼는 순간도 종종 있다.

가령 어떤 사람이 양심이란 것을 생각하고 있을 때 이는 곧 하늘이고, 최고의 가치나 떳떳함을 얘기할 때도 그것이 바로 하늘이다. 사람이 항상 하늘만 생각하는 것은 아니지만, 하늘을 완전히 배제하고 살지는 못할 것이다. 조폭 세계에 '의리'라는 말이 있는데, 실은 이것도 하늘과 다르지 않다.

어떤 사람이 남들 몰래 골목에 쓰레기를 잔뜩 내다 버렸다고 하자. 들키지만 않으면 사람들로부터 지탄받지도 않고 친구를 잃는 것도 아니다. 남의 돈을 슬쩍 훔쳐도 영원히 걸리지만 않으면 출세에 지장이 없다. 혼란한 틈을 타서 번번이 친구에게 밥값 계산을 미루어도 인간관계에 큰 지장을 주지는 않는다. 공원에서 수돗물을 틀어놓고 가버리거나(혹은 누군가가 틀어놓은 수돗물을 못 본 척하고 방치하거나), 아무 데나 침을 뱉거나, 도로에 껌을 버리거나, 친구에게 거짓말을 하거나, 공원에 있는 꽃

나무를 파서 집으로 가져가거나, 함께 먹는 사람들을 배려하지 않고 맛있는 음식을 자신 앞에 당겨놓고 싹싹 긁어먹거나 하는 등 그 어떤 비겁한 짓도, 들키지만 않으면 그만인가?

그렇다고 생각하고 살아가는 사람은 필경 불행한 운명을 맞이하게 될 것이다. 그토록 재수 없는 사람을 하늘이 그냥 내버려두지 않을 것이다. 그뿐 아니다. 이 세계는 하늘이 직접 관리하지 않더라도, 자정능력이 있어서 우주에 해로운 영향을 주는 사람을 퇴출시킨다. 반면 세상을 이롭게 하는 자는 인간세상이 그것을 몰라줘도 반드시 하늘로부터 복을 받게 되어 있다.

그렇지 않다고 생각하는 사람은 이제부터 온갖 재수 없는 짓을 다 하면서 행운이 찾아오는지 불운이 찾아오는지를 실험해봐도 좋다. 자식에게 그렇게 해보라고 가르쳐도 좋다. 사랑하는 사람에게도 그런 짓을 해보라. 좋은가? 행복한가? 큰 이익이 생길 것 같은가?

미친 짓이다. 크게 보면 세상은 모든 것이 제대로 되어 있다. 인생을 살아가면서 절대 잊어서는 안 될 것이 바로 이것이다. 인간은 마약 중독자처럼 눈앞의 이익에 미쳐서는 안 된다. 정정당당하게 살아가야 하는 것이다. 정정당당! 이것이야말로 인간의 품위를 높이는 것이다. 그런 사람이 마침내 행복해지는 법이다. 항상 꼴사납게 행동하면서 행운을 기대할 수 없다. 꽃에 나비가 날아들 듯, 아름답게 살아가는 사람에게 행운이 날아들게 되어 있다.

요점은 간단하다. 하늘이 보기에 좋은 사람, 공동체에 이익을 주는 사람이 되라는 것이다. 다만 어떻게 처신해야 하는지 잘 모르는 경우가 있을 수도 있다. 그러기에 항상 자신의 인격수준을 높이도록 노력해야 한다는 것이다. 세밀한 것도 놓치지 않아야 한다. 남들이 알아주기만을 기대해서는 안 된다. 스스로 고귀한 사람이 되어야 한다.

인간에게 굳이 보상을 바라지 않는 위대한 행동을 '유인지정幽人之貞'이라고 하는데, 하늘은 절대 그런 사람들을 놓치지 않는다. 기어코 상을 내려줄 것이다. 물론 진정한 아름다움은 하늘로부터 내려온 상마저 사양하고 인간을 이롭게 했다는 그 사실 자체로 스스로 만족하고 행복을 느끼는 것이다. 훌륭한 사람은 아름답고 당당하고 보람 있다. 이는 하늘이 원하는 바다.

이러한 경지에 이르도록 노력해야 한다. 물론 미약한 우리 인간으로서는 당장 결실을 이룩하기 어려울지도 모른다. 하지만 큰 뜻을 세우고 다가가야 한다. 그러한 큰 뜻은 도인이 평생 걸어가는 길과도 다르지 않고, 인류가 이상적으로 추구하는 사회상과도 다르지 않다.

세상을 이롭게 하면 세상도 나를 이롭게 한다. 내가 인간세계에 아름답게 나서면 세상도 내게 아름답게 다가오는 법이다. 매일 떠오르는 태양을 맞이하며 부족했던 나의 모습을 바꾸어 나가자. 이는 평생토록 멈추어서는 안 된다.

구체적인 꿈을 품어야 운명도 열린다

소크라테스는 죽기 몇 시간 전에 제자들을 만났다. 그는 아테네 당국으로부터 사형선고를 받고 형집행을 기다리는 중이었다. 면회를 온 제자들에게 소크라테스가 말했다.

"나는 이제 곧 죽네. 자네들은 남은 인생을 살아가겠지! 나와 자네들 중 누가 더 유리하겠는가?"

이 질문에 제자들은 기가 막혔다. 산 사람과 죽은 사람 중 누가 더 유리할까? 도대체 무슨 말인가? 당시 소크라테스는 사소한 일로 사형선고를 받고 그것을 순순히 받아들였다. 그는 판결에 대해 얼마든지 불복하거나 외국으로 망명을 할 수도 있었다. 소크라테스는 권력이 대단한 친구들이 많았기 때문에 마음만 먹으면 정권마저 흔들 수 있었으나 죽음의 길을 택했던 것이다.

그는 천하를 향해 말했다. 악법도 법이라고…. 소크라테스는 온 세상 사람에게 법을 지키라고 선언했다. 악법마저 지키라는 것이다. 악법은 당연히 고쳐져야 하겠지만 그 전까지는 지켜야 한다는 것이 그의 생각이었다.

법이 도대체 무엇이기에 소크라테스는 그토록 지키려고 했던 것일까? 법은 질서이고 약속이다. 소크라테스는 세상의 그 무엇보다도 질서를 소중히 여겼다. 게다가 법은 그것이 만들어질 당시에 그것을 따르도록 약속한 것이니 어길 수 없다는 것이다. 이것은 인류를 결속시키고 평화를 일구어낼 유일한 길이었다.

소크라테스는 죽음을 앞두고 태연히 제자들에게 질문을 던졌다.

"나와 자네들 중 누가 더 유리하겠는가?"

유리하다는 것은 무엇일까? 소크라테스는 평생 동안 가장 선하고 가장 아름답게 살았기 때문에 죽음 후에 걸어갈 길도 추호도 거리낌이 없었던 것이다. 반면 제자들은 아직도 갈 길이 멀고 올바른 말과 행동을 이어가야 할 것이니 생이 힘들지 않겠느냐고 위로의 가르침을 남긴 것이리라!

죽음 후의 일은 깊게 논의하지 말자. 다만 죽어서도 후회하지 않는 삶을 영위해야 한다는 것은 분명하다. 누구나 꿈이 있다. 그것이 위대하든 소박하든 상관없다. 개인이 바라는 꿈이기 때문이다. 어떤 사람은 아무리 노력해도 꿈이 이루어지지 않는다. 반면 어떤 사람은 꿈을 이미 이루어서 또 다른 꿈을 찾아 나서기도 한다.

다 좋다. 실패한 사람이든 성공한 사람이든, 최선을 다해 살았다면 그의 인생은 그만한 가치가 있다. 하지만 꿈이 없는 사람은 문제가 있다. 이런 사람들은 그저 살아지는 것으로, 돈만 많이 벌면 그만이라는 식이다. 막연히 살아가는 인생이다. 무엇을 반드시 이룩해보겠다는 목표도 없고, 계획이나 전망도 없다. 삶이란 이런 식으로 흘러가서는 안 된다. 꿈을 구체적으로 품고 살아야 운명도 열리는 법이다. 하늘은 스스로 돕는 자를 돕는다고 하지 않는가!

여러 가지 꿈이 있어도 좋지만 한 가지 꿈을 가지고 사는 것도 충분히 괜찮다. 한 가지 꿈도 없이 살아간다면 이는 진정한 삶의 뜻을 모르는 것이다. 삶이란 어떤 일에 참여하고 결과를 만들어내려고 노력하는 과정이다. 올림픽에 나간 국가대표 선수는 금메달의 꿈을 향해 달려간다. 과학자들은 자연의 법칙을 하나라도 더 발견하려고 온 정성을 바쳐 싸우고 있는 것이다. 그저 먹고 번식하는 것이 인생은 아니다. 소박한 꿈이라도 나아가고자 하는 방향이 있어야 하는 것이다.

인간이 동물과 다른 점이 이것이다. 동물은 그날그날만 있지 미래에 대한 꿈이 없다. 아니, 동물은 먹이를 많이 먹을 수 있는 날을 향해 가는지도 모른다. 인간은 다르다. 달라야 한다. 인간의 꿈, 그것이 하늘 아래 가장 위대한 것과 일치되지 않아도 상관없다. 인간은 우선 자신의 행복을 위해 무엇인가를 꼭 이루고 싶을 뿐이다. 이것은 아름다운 인생이다. 여기에 더해 위대한 꿈을 향해 나아간다면 더 말할 나위가 없다.

소박한 꿈이라도 그것을 향해 정성을 다해 살아가다 보면 무한한 가치와 소통할 수 있을 것이다. 인간의 꿈은 그 사람의 삶을 지켜주고 또한 '세상에 있음'을 행복하게 느끼도록 해준다. 이렇듯 꿈은 삶의 원동력이다. 이 힘은 나아가 세상을 가꾸는 데까지 이를 수 있을 것이다.

소크라테스는 막연한 삶이 의미가 없다는 것을 제자들에게 가르치고 자신은 죽음의 문으로 걸어 들어갔다. 부연하자면 나는 의미 있게 살았으니 죽어도 좋을 것이므로, 뜻을 이룰 수만 있다면 죽음이 결코 손해가 아니라는 것, 그리고 자네들이 뜻 없이 산다면 그것은 오히려 손해일 것이라는 교훈을 가르친 것이다.

성인聖人인 소크라테스에게는 영원한 꿈이 있었을 것이다. 그리고 인간인 우리에게는 일생의 꿈이 있다. 그 꿈은 누구나 간직하고 싶고 가능한 빨리 이룩하고 싶은 꿈이다. 여기서 잠시 꿈의 내용을 살펴봐도 좋지 않을까….

인간의 꿈은 참으로 다양하다. 성인의 꿈은 어쩌면 단순할지도 모른다. 공자는 "아침에 도를 깨달으면 저녁에 죽어도 좋다朝聞道 夕死可矣."고 하였다. 공자의 꿈은 깨달음에 있었던 것이다. 깨달음이란 억조창생을 유익하게 하는 그 무엇일 텐데, 이처럼 성인들은 오로지 정신세계의 발전 혹은 완성을 꿈으로 삼았다. 소크라테스도 인간들이 평화롭게 살기를 염원했다. 성인은 오로지 인류를 걱정할 뿐이었던 것이다.

우리의 꿈은 무엇인가? 평생을 살면서 꼭 이룩하고 싶은 것이 무엇이란 말인가? 어떤 사람들은 금메달을 따거나 또는 국회의원이 되고자 한다. 누구는 내 집을 마련하고 싶고, 또 누구는 최고급 승용차를 원한다. 배우는 아카데미 주연상을 받고 싶고, 과학자는 노벨상, 수학자는 필즈상을 원하며, 바이올린 연주자는 세계무대에서 최고의 자리에 올라가고 싶어 한다. 그 외에도 재벌, 교수, 의사, 판검사 등 인간의 꿈은 무수히 많다.

그런데 이들이 원하는 꿈은 거의 대부분은 인간 사회 내에서의 일이다. 이른바 부귀영화富貴榮華에 그치는 것이다. 사회적인 성공이나 막대한 부를 얻고자 하는 꿈이 나쁘다는 것은 아니다. 문제는 그 이상의 꿈이 존재하지 않는다는 것이다. 이에 소크라테스는 말했다.

"너희들은 왜 부귀영화를 위해 노력하는 만큼 정신의 발전을 위해 노력하지 않는가?"

소크라테스의 질문은 평범한 인생에 정곡을 찌르고 있다. 인간은 고작 100년도 못 살고 죽을 텐데, 곧 없어질 것에 대한 꿈만 가득하다. 소크라테스는 이것을 개탄한 것이다. 예를 들어 왜 이런 꿈은 없는가? 한평생 마음이 깨끗해지기를 원한다거나, 죽음 너머에 무엇이 있는지 알고 싶다, 최고선과 최고가치와 합일하고 싶다, 성인이 간절히 바라는 그런 사람이 되고 싶다, 위대한 정신의 소유자가 되고 싶다, 온 세상의 최고 지성이 되고 싶다, 죽는 날까지 인격을 계속 높여 나가고 싶다, 영원한 것을 추구하고 싶다 등 정신세계를 고양시키는 꿈도 무수히 많을 것이다.

이런 가치들이 물질이나 명예, 사회적 신분보다 사소한 것인가? 그렇지 않을 것이다. 인간이 어느덧 내면의 세계를 망각하고 바깥으로만 치닫게 되었기 때문에 그렇게 된 것이다. 인간이 세상에 나와서 해야 할 일 중 가장 중요한 것은 바로 인격의 발전이 아닐까? 세상에 부귀영화를 잔뜩 이룩해놓고 떠나간다면 그것이 세상에 나온 보람일까?

내가 감히 소크라테스를 흉내 내고자 하는 것은 아니다. 다만 성인이 그토록 가르치고자 하는 것에 조금이나마 관심을 가져야 한다는 것이다. 사실 인생에서 최고의 가치는 죽는 날까지 정신세계와 인격의 성숙을 추구하는 것이다. 세속의 부귀영화는 이미 최고의 목표(소크라테스의 가르침 같은)에 도달한 사람이 부수적으로 꿈꾸어도 늦지 않다.

나는 수천 명의 사람을 만나 꿈을 물어봤는데, 인생의 꿈이 성인의 가치를 추구하는 것이라고 말하는 사람은 단 한 명도 없었다. 인생의 행복이란 최고의 가치를 추구하는 사람에게 잠시 주어지는 선물이 아닐까? 이미 행복한 사람이 더 행복해지기 위해 인생을 산다는 것은 모순이고 어리석다. 그 뒤에는 무엇이 오는가? 물론 행복도 어느 정도까지는 필요하다. 그러나 적당한 선에서 만족해야 할 것이다. 오로지 이 세상에서 더욱더 행복해지려는 꿈은 영원한 꿈을 포기한 것이나 다름없다.

《홍길동전》에 이런 대목이 있다.

"대장부가 세상에 나서, 공맹孔孟을 본받지 못할 바에야, 차라리 병법이라도 익혀…."

이는 인생의 최고가치가 성인을 따라 배우는 것이고, 그것에 못 미치는 사람이 세속의 부귀영화만을 꿈꾼다는 뜻이다. 정신세계의 아름다운 승화가 전제되어야만 세속의 행복도 배가되는 법이다.

인생의 꿈은 반드시 세상을 초월한 그 무엇까지 포함해야 한다. 아니, 정신세계의 발전을 우선으로 삼아야 할 것이다. 소크라테스는 일찍이 삶의 보람을 완성하고 남아 있는 몸마저도 인간의 각성을 위해서 기꺼이 내던졌다. 우리가 항상 영원히 열린 꿈을 간직하고 살아간다면 인생의 사소한 성취도 그 행복감이 더욱 커질 것이다.

불구대천의 원수는 누구인가?

'불구대천不俱戴天'이란 말은 '하늘을 함께할 수 없다'는 뜻이니 원수를 강조하는 말이다. 하늘 아래 함께 있을 수 없다면 둘 중 하나는 죽어야 한다. 세상에 죽이고 싶을 정도로 미운 사람은 누구나 있을 것이다. 그런데 과연 하늘 아래 가장 미운 원수는 누구일까? 나는 이 질문을 여러 사람에게 종종 해왔고, 어떤 책에 쓰기도 했다. 하지만 너무 중요한 일이라서 새삼 강조하고자 이 장의 주제로 삼았다.

결론부터 말하자면 세상에서 가장 지독한 원수는 자기 자신이다. 배신자나 내 사업을 망친 놈, 도망간 애인, 정부, 악덕 사장, 의리 없는 친구 등도 원수에 속하긴 한다. 하지만 뭐니 뭐니 해도 자기 자신만 한 원수는 세상에 없을 것이다.

왜냐하면 오늘날의 나는 나 자신이 만들었기 때문이다. 다른 조건이

나 환경은 차치하고, 여기서는 정신상태를 말하는 것이다. 부모가 양육하고 선생이 가르치기는 하지만, 자신의 선택이 더 결정적이었던 까닭에 스스로를 원망할 수밖에 없다. 우리는 모두 무엇인가 확실히 부족하다. 그것을 그렇게 되도록 만든 것은 자신이기 때문에 모든 책임을 자신이 져야 한다.

우선 생각해볼 것은 '나는 무엇이 잘났는가?'다. 물론 잘난 것이 있기는 할 것이다. 그러나 더 깊이 반성해봐야 한다. 더 잘될 수도 있는데 지금처럼 된 것이다. 사실 누구나 반성할 것은 많이 있다. 그리고 반성할수록 내 자신이 발전하는 것은 틀림없다. 반성은 후회와는 다른 개념이다. 후회는 결과가 나쁘게 되었을 때 막연히 '그러지 말았어야 했는데' 하며 아쉬워하는 것이고, 반성이란 무엇을 잘못했는지 확실히 알 때 이루어지는 것이다.

나도 반성에 일가견이 있는 '반성적 인간'인데, 50년 전에 저지른 일을 아직도 반성하고 있다. 그 내용은 사람을 너무 의심해서는 안 된다는 것이었다. 당시 10대였던 나는 지나치게 의심해서 친구를 잃었다. 물론 그 후에도 내가 살면서 했던 반성거리는 수백수천 가지도 넘어 일일이 다 집어낼 수가 없다.

어린 시절에 나는 내가 잘났다는 생각을 공연히 많이 했다. 약간 병적이었다. 그래서는 안 되는 것이었는데…. 좌우간 어느 정도 자란 후부터 나는 절대로 잘난 척하지 말아야겠다고 다짐했다. 그러나 그 다짐도 자주 흔들리곤 했다.

사람은 남의 단점을 참으로 잘 찾아낸다. 그러나 자신의 단점은 잘 못 본다. 못 보는 것인지 안 보는 것인지 모르겠지만, 아무튼 그렇다. 이상하다. 어째서 자기 자신한테는 이토록 점수를 후하게 주는 것일까? 그건 바로 자신이 못났기 때문이다. 프랑스 속담에 이런 말이 있다.

"네 목의 그림자가 비뚠 것은 네 목이 비뚤기 때문이다."

오늘날 내가 갖게 된 어떤 습관이나 정신상태는 순전히 나 자신으로부터 나왔다. 그러니 반성해야 한다. 항상 반성해야 한다. 반면 내가 어떤 사람의 장점을 보지 못했다면, 그것에 대해서도 깊이 연구해야 한다. 남의 장점과 나의 단점을 잘 찾아내는 것은 운명을 개선하는 데 있어서 최고의 기술이다.

남을 원망하기에 앞서 내가 그 사람한테 무엇을 잘했는지 따져봐야 한다. 나와 남을 잘 살피지도 못하고 오래된 나쁜 습관을 '반성'을 통해 고쳐내지 못한다면, 이는 나 자신을 더더욱 나쁜 원수로 만드는 짓이나 다름없다. 강태공은 세상이 망하는 길을 다음과 같이 3가지로 얘기한 바 있다.

"선善을 보는 데 게으르고,

때가 되었는데도 꼼짝하지 않고,

나쁜데도 견디는 것."

見善而怠

時至而疑 知非而處

此三者道之所止也

이 3가지는 평범한 사람들이 항상 저지르는 잘못이다. 성인은 모든 사람을 사랑하라고 가르쳤지만 때로는 자기 자신을 미워해야 하는 것이 아닐까! '나는 위대한가?' 하고 묻고, 아니라면 더욱 미워해야 한다. 나 자신이라는 이 원수를 없애버리는 방법은 반성뿐이다. 그런 면에서 인간에게는 4가지 부지런해야 할 것四正勤이 있다.

"이미 생긴 악을 없애고斷斷,

앞으로 생길 악을 방비하고律儀斷,

아직 생기지 않은 선을 열심히 만들고隨護斷,

이미 생긴 선을 더 키우는 것修斷이다."

강태공의 가르침도 이와 다를 바 없다. 악은 견디지 말고 뿌리 뽑아야 한다. 그리고 선을 보면 달려가야 하는 것이다. 어떤 스승에게 제자가 물었다.

"우리의 마음속에는 선한 개와 악한 개 두 종류가 공존하고 있는데,

이를 어찌해야 합니까?"

스승은 대답했다.

"악한 개에게는 밥을 주지 말아야 할 것이다."

나쁜 일은 반성하고 다시 행하지 않는다면 사라질 것이다. 반대로 좋은 마음은 계속 키우면 된다. 지금 이 순간에도 당신이 당신 자신을 만들고 있다는 것을 망각해서는 안 된다.

역사가 없는 사람은 미래도 없다

미국 우주비행사들은 훈련 중에 자신이 누구인가를 확인하는 과정이 있다. 예를 들어, 나는 미국인이다, 나는 남자다, 나는 군인이다, 나는 중령이다, 나는 공군장교다, 나는 우주비행사다, 나는 누구의 남편이다, 나는 누구의 아버지다, 나는 누구의 아들이다, 나는 누구의 친구다, 나는 백인이다 등을 써내야 하는 것이다.

그런데 훈련교관은 이런 항목들은 가능한 한 많이, 할 수만 있다면 수백수천 가지를 쓰도록 밀어붙인다. 인간이 그 정도로 다양한 존재일까? 사람에 따라서 '나는 누구인가?'라는 질문에 쓸 말이 많은 사람도 있고 적은 사람도 있을 것이다. 무조건 많다고 좋은 것은 아니다. 우주비행사들은 광활한 우주공간에 나가서 자기 자신을 상실할까봐 이런 훈련을 하는 것이다.

알려진 바에 의하면, 사람이 수십 분 정도 우주공간만 바라보면 넋이 빠져나가 자기 자신을 상실한다고 한다. 과연 그럴 수도 있을 것이라는 생각이 든다. 너무나 넓은 우주에 비해 인간의 존재는 한없이 작기 때문이다. 너무 작아서 그것을 느낄 수도 없게 되고, 무한의 공간에 압도되어 마침내 정신이 파괴되는 것이다. 인간은 참으로 덧없는 존재이므로, 세상을 살아갈 때도 자기 자신을 상실하지 말아야 할 것이다.

그렇다면 과연 인간이란 무엇인가? 우주비행사들은 이러저러한 항목으로 자신을 규정했는데, 그 반대로 타인을 규정해보자. A는 교수다. 남자다. 나하고는 친분이 없다. 그 사람은 누구의 자식이겠지만 나는 그의 부모를 모른다. 결국 A는 나와 상관없는 사람일 뿐이다. 다시 말해 나에게는 있으나마나한 사람인 것이다.

물론 그의 아내는 A를 남편이라고 규정하고 그의 아들은 아버지라고 규정한다. 학교의 학생은 '우리 과 교수'라고 규정할 것이다. 결국 A는 그를 알고 있는 사람들에 의해 정의된다. A 자신이 스스로를 무엇이라고 규정했든 남들은 알 바가 아니다.

그러므로 A는 자기가 아닌 타인에 의해 존재의 의미가 생긴다고 볼수 있다. 만약 세상에 A 혼자만 산다면 스스로를 정의할 때 참으로 싱거울 것이다. 이렇듯 사람의 존재는 다른 사람에 의해 규정되는 것이니, 타인과 많이 연계되어 있다는 것은 그의 존재의미를 강화시키는 중요한 요인이 된다.

어떤 영화배우가 있다고 하자. 이 사람은 많은 사람이 알고 있을 것이다. 그 배우는 누구인가? 남들은 '그가 어떤 영화에 출연했는가?'를 통해 알 뿐이다. 즉 역사다. 동창생이 한 명 있다고 치자. 나는 그를 30년 전에 만났고, 그 후로는 한 번도 만나보지 못했다. 그렇다면 나는 그와 학창시절을 보낸 기억만으로 그에 대해 정의를 내릴 수 있다. 더도 덜도 아닌, 내가 기억하고 있는 역사만이 그 사람인 것이다. 스스로 무수히 많은 것을 생각하고 고민하며 살아간다고 해도 남에게 어떤 역사를 보여주었느냐만 의미가 있다는 뜻이다.

결론은 이렇다. 첫째는 그 사람을 누군가가 알고 있어야 하고, 둘째는 그 사람이 살아온 역사가 있어야 한다. 간단히 말하면 그 사람의 역사가 남에게 알려지지 않으면, 그는 존재했어도 존재한 것이 아니라는 의미다. 산속에서 혼자 살다가 죽어간 사람은, 남들에게는 혹은 세상에는 없는 사람과 마찬가지다. 물론 하늘이 그의 존재를 알 것이다. 그러나 그저 그뿐이다. 그 사람은 타인에게 어떤 역사를 남겼을까? 없다. 그러므로 그는 없는 것이다.

이제 우리의 인생을 생각해보자. 우리는 사회 속에 살고 있다. 가족도 있고 친지도 있고 직장동료도 있다. 어떻게 살아야 할 것인가? 남겨야 한다. 뭘? 역사를, 이왕이면 좋은 역사를! 가족뿐만 아니라 다른 사람에게도, 그리고 더 많은 사람에게 좋은 역사를 남긴다면 더욱 좋은 일이다. 그리고 그 역사는 제법 쓸 만해야 한다!

우선 나 자신을 유익하게 하는 것이 먼저지만, 그다음엔 남에게도 무엇인가 뜻을 남겨야 한다. 그것이 우리가 존재하는 이유다. 우리는 과거에 어떤 사람이 살다가 죽었다는 기억을 가지고 있다. 위대한 사람이 남긴 위대한 역사도 알고, 세기의 악당이 남긴 악한 역사도 안다. 혹은 그저 살았다는 역사만 남긴 사람도 안다. 우리는 어떤 역사를 남겨야 할까? 그저 살았다는 역사를 남긴다면 허망한 인생이 아닐 수 없다. 위대하지는 못할지라도 무의미한 인생을 살아서는 안 될 것이다. 먼 하늘을 바라보며 나는 인생에 어떤 역사를 남길 것인가를 깊게 생각해봐야 하지 않을까! 역사가 없는 사람은 미래도 없다.

안으로 갖추고 나아가 펼치는 것

인간은 혼자 있을 때도 있고 남들과 함께 있을 때도 있다. 혼자 있을 때는 무엇을 해야 하는가? 자기발전을 위해 부단히 노력해야 한다. 그리고 세상에 나아가 사람을 만났을 때는 참된 자기 모습을 보여주며 사람들과 어울려 살아가야 한다. 안으로 갖추고 나아가 아름답게 펼치는 것, 이것이 인생의 정석이다. 안으로 아무리 잘 갖추었더라도 남을 대하는 법을 모르면 야하고 아름답지 못하다. 반면 밖에 나가 사람을 대하는 데는 능하지만 속으로 갖춘 것이 없다면 이는 근원이 없는 사람이다. 맹자는 이에 대해 이렇게 말했다.

"무릇 의는 길이요, 예는 문이다."

夫義 路也 禮 門也

여기서 '의'라고 하는 것은 스스로 내면을 갖추어 나가는 것이다. 사람이 의롭지 못하다면 그는 인생길을 올바르게 걸어갈 수 없다. 또한 의는 하루하루 발전해 나가는 것을 뜻한다. 예를 갖춘다 함은 남과 교류할 때 예의를 갖추라는 것이다. 사람이 비록 내면이 의롭다 하더라도 예의가 없으면 하늘은 그에게 문을 열어주지 않는다. 여러 인간이 함께 존재한다는 것은, 예를 갖춤으로써 가능하다. 공자가 가장 강조했던 것이 예의이기도 하다.

예의란 도대체 무엇일까? 그 본질은 바로 사랑이다. 사랑은 인류의 통합을 위한 가장 중요한 덕목이다. 인간은 사랑을 갖춤으로써 인류를 구원할 수도 있다. 세상이 위험한 것은 사람들이 사랑 없이 서로 자기 이익만 추구하기 때문이다. 모든 인간이 보편적으로 사랑이라는 가치를 추구하는 날이 오면, 그때는 세상이 태평성대일 것이다.

공자는 이렇게 말했다.

"자기를 극복하고 예를 회복하는 것이 곧 인이다."

克己復禮爲仁

예의가 곧 사랑인 것이다. 예의는 남에 대한 배려이므로 인간관계에서 절대 빼놓을 수 없는 요소다. 그렇다면 예의를 갖추려면 어떻게 해야 하는가? 그것은 자기의 본능을 억제하는 것에서 시작한다. 사람은 누구나 하고 싶은 행동이 있다. 그러나 이때 남의 입장을 고려해야 한다. 그래서 첫째가 자기억제다. 둘째는 형식을 아름답게 취하는 것인데, 자기

억제가 없으면 아름다운 형식 역시 이루어질 수 없다.

혹자는 말한다. 예의는 형식에 불과한 것이므로 그리 중요하지 않다고…. 그러나 이는 잘못된 생각이다. 예의란 그 내면에 남을 배려하는 마음, 즉 사랑이 있어야 비로소 드러난다. 예의의 본질은 사랑이지 겉멋이나 겉치레가 아니다.

예의가 없는 사람과는 마주하고 있기가 어렵고 불편하다. 사랑이 없는 자와 교류한다는 자체가 불가능한 일일 수 있다. 눈앞에 있는 저 사람이 나에 대해 배려가 전혀 없고, 순전히 제멋대로 행동하는데, 그것을 누가 그냥 봐줄 수 있겠는가! 그러한 만남은 아무런 뜻도 없다. 공자는 말했다.

"예가 아니면 보지도 말고, 듣지도 말고,

말하지도 말고, 행하지도 말라."

非禮勿視 非禮勿聽

非禮勿言 非禮勿行

세상에 나가 예로서 처신할 수 있다면, 앞으로 그의 운명에 큰 허물은 없을 것이다. 어떤 사람이 아름답다는 것은 그가 늘 예의를 갖춰 행동한다는 것과 같은 말이다. 또한 어떤 사람에게서 매력을 느낀다는 것은 그의 내면이 갖춰져 있다는 뜻이다.

세상을 살면서 안으로 갖추고 밖으로 사랑을 실행한다면 더 갖출 것이 무엇이겠는가! 안으로 훌륭히 갖추고 밖으로 예를 행하는 것, 이로써 만물은 뜻이 있고 아름다움이 생겨난다. 우리의 인생이 가장 먼저 갖추어야 하는 것이 바로 이것이다.

누구를, 어떻게,
만나느냐에 따라
당신의 운명이
바뀐다

2

천지인 삼재 중 인의 요소는, 사람을 만나 처세를 통해 이루어지는 운명개선의 방법을 뜻한다. 하늘에는 때가 있고, 땅에는 이익이 있으며, 인간에게는 조화가 있다. 이것이 대자연의 근본적인 섭리다. 여기서 특히 인간을 만나고 그 사이에서 이루어지는 처세는 단시간 내에 운명을 창조할 수 있는 것이다. 그래서 다른 어떤 요소보다 최우선적으로 유의해야 할 점이다. 운명은 누구를 만나고, 어떻게 처세하느냐에 따라 달라진다.

사람을 만나지 않는 사람은 쓸모가 없다

인간의 가치는 무한하다. 하지만 현대 자본주의 사회에서 보는 인간의 가치는 활용 가능한 노동력일 뿐이다. 다소 잔인하게 느껴질 수도 있겠지만 현실이 그렇다. 현대사회는 인간의 노동력으로 유지되기 때문에 사람이 일을 못하거나 하지 않는다면 그는 이미 사회에서 소외되어 있다고 봐야 할 것이다. 아인슈타인은 만년의 어느 생일날 기자들에게 이렇게 말했다.

"여러분들이 오늘 나의 생일에 이렇게 모인 것은, 내가 무언가 새로운 이론을 발표할 것이라는 기대 때문이라고 생각됩니다. 하지만 나는 더 이상 무엇인가를 연구할 능력이 없습니다. 나의 쓸모는 다한 것이지요. 미안합니다…."

쓸쓸한 얘기지만 '일할 수 있는 능력'에는 '쓸모'라는 개념이 담겨 있다. 일의 종류는 참으로 많다. 단순노동에서부터 전문적인 일까지 무척 다양하다.

여기서 한 번 더 잔인한 얘기를 해보자. 인간이란 곧 노동력을 말하는 걸까? 이렇게 결론 내리면 너무 끔찍한가? 현실 사회의 일반론이 그렇긴 하지만, 인간의 가치는 노동력 말고도 다른 그 무엇이 분명히 존재한다. 이것에 대해 고찰해보자.

B라는 사람이 있다. 이 사람은 중소기업에 다니는데 일은 그냥저냥 하는 편이다. 유능하지는 않지만 그래도 쫓겨날 정도는 아니다. 그냥 평범한 직장인인 것이다. 다만 한 가지 문제가 있다. B는 업무시간 외에는 직장동료들과 전혀 어울리지 않았다. 조금 이상하기는 해도 이것이 법으로 정해진 사항은 아니어서 직장생활을 유지할 수는 있다. 유지…? 과연 유지할 수 있을까?

B는 차를 마시는 자리든, 회식자리든, 퇴근 후에는 어떤 모임에도 일절 참가하지 않는다. 사장이 권하든, 상사가 권하든, 동료가 권하든, 냉정하게 거절한다. 어쩌다 한두 번이 아니라 1년 내내 그렇게 한다. 그래서 B는 거절의 달인으로 유명하다. 바쁜 일이 있어서, 몸이 좀 불편해서, 오늘은 사정이 있어서 등등….

이 사람은 어떤 존재일까? 남과의 교류가 0점인 존재다. 한마디로 아주 재수 없고 나쁜 사람이다. B는 세상의 뜻을 모른다. 인간사회는 반드

시 남과 교류하고 교감하며 살아야 하는 법이다. 개인이나 단체, 국가도
마찬가지다.

인간의 쓸모는 원래 노동력에 국한되어 있는 것이 아니었다. 일이란
생계유지를 위한 최소한의 활동일 뿐이다. 인간에게 있어서 더 중요한
것은 교감交感이다. 만물은 교감하며 존재한다. 인간은 더 말할 나위가
없다. 멀고 먼 옛날 조물주가 인간을 만들었을 때 애초부터 제1의 요구
사항이 있었다. 그것은 바로 남과의 교류, 즉 교감이었다.

맹자는 이렇게 말한다.
"저 하늘의 때는 땅의 이익만 못하고,
땅의 이익은 인간의 화합만 못하다."

天時不如地利

地利不如人和

화합이 바로 교감인바, 인간으로서 이보다 중요한 것은 아무것도 없
다. 인간이 일을 못해도 남과 교감하는 것을 중단해서는 안 된다.

노동력은 인간이 가진 여러 가지 능력 중 하나일 뿐이다. 그러나 인
간끼리의 교감은 삶의 모든 것이다. 그리고 그러한 교감은 더 많은 것을
창조할 수 있다.

주역이 알려주는 8가지 인간형

세상에 어떤 사람이 살고 있는지를 유형별로 알면 인간관계가 한결 수월해지지 않을까? 인류 최고의 학문인 주역에서는 만물을 8가지로 분류하는데, 인간의 성격도 그 범주를 넘지 않는다. 4부에서 사람의 얼굴 유형에 관해 8가지로 나누어 소개할 예정인데, 여기에서 성격에 대해 먼저 알아보겠다. 우리는 어떤 유형의 사람들과 어울려 살아야 할까?

1. 듬직한 사람 _ 산

첫째 유형은 듬직한 사람이다. 어지간한 일에는 별로 충격을 받지 않고, 말수가 적으며 동작도 다소 느린 편이다. 내면의 감정을 잘 드러내지 않고 인내심이 강하다. 자잘한 일에 일희일비하지 않고 감정이 안정적이다. 약간 둔감한 면이 없지 않지만, 믿음직한 사람이다. 어디에서도 잘난 척을 하지 않는다. 한 번 마음을 정하면 잘 변하지 않고, 고집이 센 편이다. 우직한 남성의 모습을 상상하면 된다. 이해의 속도는 약간 느려도 속내가 깊다.

주역에서는 이런 사람을 '간艮'이라고 표현한다. 산 같은 사람이다. 이런 사람을 대하는 방법은 그와 비슷한 자세를 취하되 잔잔한 호수의 모습을 보이면 좋다. 약하지만 넘치지 않는 호수와 같은 자세, 그리고 투명한 사람을 좋아하기 때문에 솔직한 모습을 보이는 게 좋다.

2. 침착한 사람 _ 택

두 번째 유형은 침착한 사람이다. 단정하고 속내를 쉽게 알 수 있는 타입이다. 궤도에 어긋나지 않고 절제력이 있는 사람으로 욕심이 크지 않다. 강하지는 않지만 자신을 잘 지키고 유지하는 타입이다. 그래서 나서지 않아도 돋보인다. 순진하지만 교양이 있고 자기 몫은 확실히 하는 사람이다.

이런 타입은 '태兌'라고 표현한다. 연못 같은 사람인데, 이런 사람을 대할 때는 어느 정도 보조를 맞추되 조금씩 산(듬직한 사람)과 같은 모습을 보이면 좋다. 사람은 자기와 비슷한 유형의 사람과 친하게 지내지만, 정반대의 모습을 조금 갖춘 사람도 좋아한다. 이는 남녀가 서로 다르지만 끌리는 것과 같은 이치다. 그러나 이성보다는 아무래도 동성끼리 만났을 때 더 편안하게 어울리지 않는가!

3. 논리적인 사람 _ 화

세 번째 유형은 논리정연한 사람이다. 냉정하게 느껴질 만큼 논리를 내세운다. 분명한 것을 좋아하는 사람으로, 한마디로 공부 잘하고 유식한 타입이다. 남의 말에 잘 속지 않는다. 감정을 감추고 이성을 앞세우기 때문이다. 행동이 질서정연하고 생각이 명료해서 친구가 많다. 어디에서든 사람들과 잘 어울리는 능력이 있다. 객관성이 뛰어나다.

이런 유형은 '리離'로 분류된다. 불처럼 밝다는 뜻이다. 이런 사람은 조용하고 감정이 풍부한 사람을 좋아한다. 물론 이 유형의 사람과 비슷한 성격을 보여주는 것이 우선이다. 화의 반대는 수인바, 수 유형이 가진 특징을 약간만 보여주면 된다.

4. 내성적인 사람 _ 수

네 번째 유형은 '감坎'이다. 물 같은 사람인바, 내성적이고, 조용하고, 감성적이다. 사생활을 중시하고 자유로운 성격이다. 시끄럽지는 않지만 기분이 쉽게 바뀌는 사람이다. 머리는 좋지만 실수가 많은 것이 흠이다. 아는 것은 확실히 알지만, 자신이 관심을 가진 것 이외의 것은 지나치게 문외한이다. 약간의 결벽증이 있고, 자기 자신을 객관적으로 판단하는 데는 약한 편이다. 수동적인 편이나 사람을 사귀는 데는 별 탈이 없다. 다만 자기 취향에 맞는 사람만 가려서 사귀는 경향이 있다. 명랑하다기보다는 약간 어두운 편이고, 번뇌와 망상이 많다. 이런 사람은 속으로 화 유형을 좋아한다. 보조를 맞추되 화의 모습을 약간씩 보여주면 사귀기 쉽다.

5. 날카로운 사람 _ 뢰

다섯 번째 유형은 날카로운 사람이다. 화(논리적인 사람) 유형처럼 이성적인 타입과는 다르다. 무엇이든지 끝까지 파고드는 끈질긴 타입이다. 화를 잘 내는 편이고, 어디서든 돋보이기를 좋아한다. 속이 깊지만 편협한 면도 있다. 아주 가깝게 지내는 특별한 친구는 있지만, 사람을 폭넓게 많이 사귀지는 못한다. 양심적이고 심성이 바르지만, 가끔은 그 점이 지나쳐 주위 사람을 질리게 만든다. 추진력이 있고, 여간해서는 지치지 않는다. 매사에 정조준을 한다. 이런 사람은 '진震'으로 분류되는데, 우레 같은 사람이다. 이런 사람은 여섯 번째 유형인 바람 타입을 좋아한다.

6. 바람 같은 사람 _ 풍

여섯 번째 유형은 '손巽'인바, 바람 같은 유형이다. 사교적이고 성격이 원만하다. 화를 잘 안 내고 타협을 잘한다. 깊지 못한 면이 있으나 대신 폭이 넓다. 이해심이 많고 행동이 신속하다. 착하고 순진해서 남의 말을 곧이곧대로 믿는 경우가 많고 속는 일도 잦다. 이런 사람은 다섯 번째 유형인 우레 타입의 사람을 좋아하는 경향이 있다.

7. 온순한 사람 _ 지

일곱 번째 유형은 '곤坤'이다. 땅 같은 사람을 말한다. 수동적이고 온순하다. 정신적으로 여성스러운 타입이다. 앞에 나서지 않는 편이고, 매사에 긍정적이다. '성격 좋다'는 말을 많이 듣는다. 자기 의견을 앞세우기보다 남을 잘 인정해주기 때문이다. 불평불만이 없고 뒤끝도 없다. 남을 잘 도와준다. 일을 서서히 처리하고, 조용히 남의 뒤를 잘 따르는 편이다. 시야가 넓어서 수용력도 좋다. 이런 사람은 자신과 다른 타입, 즉 리더십이 뛰어난 사람을 좋아한다.

8. 능동적인 사람 _ 천

▀▀▀▀▀▀
▀▀ ▀▀
▀▀▀▀▀▀   천

여덟 번째 유형은 '건乾', 즉 하늘 같은 사람이다. 강건하고 능동적인 타입이다. 밝고 맑고 강하다. 언제나 새롭다. 정열적이고 남보다 앞선다. 다소 잘난 척을 하지만, 견해가 출중하다. 지치는 법이 없고, 절대 우울해하지 않는다. 단순하지만 어리석지 않다. 행동력과 돌파력이 강하다. 창조력이 있고 늘 싱싱하다. 이런 사람은 일곱 번째 유형인 지(온순한 사람)의 성품을 가진 사람에게 끌린다.

이상으로 8가지 유형을 간단히 살펴보았다. 전 세계 70억 인구를 이 8가지로 100% 정확하게 나눌 수 있다는 말은 아니다. 대체로 그렇다는 것이다. 또한 한 사람이 딱 한 가지 유형만 가진 경우는 드물고, 2~3가지 유형이 합쳐진 경우가 많다. 예를 들어 지와 택의 성격을 함께 가졌거나, 풍과 천의 성격을 함께 가질 수 있다.

100%라고 말할 수는 없어도, 자신의 유형과 상대방의 유형을 알면 살면서 맞춰가기 쉬울 것이다. 그러기 위해서는 사람을 만나는 순간, 그 사람이 어떤 사람인지 간파하는 훈련이 절대적으로 필요하다. 세상에서 가장 중요한 존재는 사람이다. 그러니 사람을 만났을 때는 내 자랑을 하는 데 급급해서는 안 된다. 상대방을 더 깊이 들여다보려고 애써야 한다.

공자는 이렇게 말했다.

"남이 나를 알아주지 않는 것을 걱정하지 말고,

내가 남을 못 알아보는 것을 걱정하라."

不患人之不己知 患不知人也

공자는 인물을 알아보는 것에 대해 득도의 경지에 이르렀지만, 이 모든 능력은 주역에서 비롯된 것이다. 주역은 한마디로 8괘의 논리인데, 사람을 8괘로 분류할 수만 있다면 인간을 간파하는 데 달인이 될 수 있을 것이다. 이에 대해 조금만 더 얘기해보겠다.

어떻게 인간을 8가지 유형으로 파악할 수 있을까? 이는 주역을 전문적으로 공부하지 않는 사람에게는 다소 힘든 일일 수 있다. 하지만 걱정할 것 없다. 간단한 훈련으로 가능하다. 앞에 사람이 있다. 이 사람은 어떤 사람일까? 이럴 때는 8가지 사물과 비교해보면 된다.

이 사람은 산 같은 사람인가, 아닌가? 굳건하고 듬직한 것이 산이다. 산과 비슷한가, 아닌가를 상상해보라는 것이다. 딱히 맞아떨어지지 않으면 다음으로 넘어간다. 이 사람은 산이 아닌 것 같은데, 그렇다면 연못 같은 사람인가? 연못은 잔잔하다. 이 사람은 고요하고 침착한가? 아니면 넘어간다.

세 번째는 화 유형인데, 불이라고 하면 다소 어려울 수 있다. 그저 논리적이고 이성적이고 조화로운 사람인가를 살펴보면 된다. 이 사람이 논리적인 사람인가? 아니면 네 번째 유형으로 넘어간다. 네 번째는 수 유형이다. 이 유형은 감정적인가 아닌가를 따져보면 된다. 쉽게 말해 다혈질인가를 생각해보면 되는데, 물이 출렁거리듯 감정이 출렁거리는 사람이 바로 네 번째 유형이다.

네 번째도 아니면 다섯째 유형인 뢰의 성질을 떠올려본다. 우레, 어디든 파고들고 화를 잘 낸다면 딱 우레다. 그렇지 않다면 여섯 번째 유형인 풍의 특징을 살펴본다. 풍은 바람인데 시원시원하고 마음이 넓으며 외교적인 사람이다. 아니면 일곱 번째로 넘어간다.

일곱 번째 유형은 긍정적이고 유순한 지 유형이다. 여성적인 성품을 갖춘 사람이다. 남자도 이런 성격을 가진 사람이 있는데, 당연히 나쁘지 않다. 지도 아니면 마지막 여덟째 유형인 천의 특징을 떠올려본다. 천은 강건하고 지치지 않으며 창조적인 사람이다. 리더십을 갖춘 사람은 천의 유형이라고 보면 된다.

인간은 8가지 유형 중 하나이거나 몇 가지를 동시에 갖추고 있다. 이 모두를 비교해 봤는데, 그중에 하나도 비슷한 게 없다면, 처음부터 다시 해보면 된다. 그렇게 하다 보면 비슷하게나마 유형을 맞출 수 있을 것이다.

자신의 이익만 생각하는 사람

어느 서점에서의 목격한 일이다. 세 사람이 나타났는데, 이들은 서점에 볼일이 있어서 들어온 것이 아니라 그저 통과하기 위해 지나치는 길인 듯했다. A가 "들어온 김에 좀 둘러보자." 하고 말했다. 당초 이 길을 택한 것은 A로 보였다.

A의 말에 C는 "뭘 둘러봐. 나는 먼저 갈게!" 하고 먼저 가버렸다. 이들 세 사람은 다른 곳에서 만나 시간을 보내고 헤어지는 중이었던 것이다. B는 머뭇거리고 있었는데, A가 B의 어깨를 감싸고 애교 섞인 목소리로 말했다.

"좀 둘러보자고. 급할 것 없잖아…."

이 말에 B는 할 수 없다는 듯이 A에 이끌려 서점 안으로 발길을 돌렸다. 이때 A가 손을 잡으며 말했다.

"야, 나 책 한 권 사줄래?"

그러자 B는 거절하는 뜻으로 팔을 뿌리치고 방향을 돌리려 했다. A는 이것을 급히 막아서고 또 한 번 외쳤다.

"나 책 안 사줄 거야?"

이 말에 B는 기분 나쁜 표정을 지었다. 그리고 방향을 완전히 돌렸다. 서점을 나가려는 것이었다. 이 순간 A는 B의 팔을 낚아채면서 말했다.

"나 책 사줄 거지? 싫어? 좋아? 어떡할래? 말해보라고…!"

이제 B는 굳어진 얼굴로 가버렸다. 상황은 끝났다. 이 세 사람은 동창생인 듯했고, A는 만난 김에 B에게 책을 한 권 얻어가고 싶었던 것이다.

A는 어떤 사람일까? 나는 관상 전문가로서 처음부터 그들을 세심히 관찰했는데, A는 얼굴 관상뿐만 아니라 행동 하나하나가 딱 거지꼴이었다. 이런 사람은 어디 가서든지 남에게 무엇인가를 얻어내려고 한다. 필경 이들 셋이 만났을 때 A는 밥값이든 찻값이든 한 푼도 내지 않았을 것이다.

아마도 내 생각에는 C가 밥값을 냈을 것이고, B는 그보다 액수가 적은 찻값을 냈을 것이다. 그래서 A는 돈을 비교적 적게 쓴 B에게 책을 사달라고 졸랐던 것이다. A는 과연 어떤 사람인가? 서점에서 한 행동을 보니 과거에도 많이 해본 짓임에 틀림없었다. 뻔뻔하고 끈질겼다. 끈질긴 것으로 그의 경력을 알 수 있다. 무슨 일이든 숙달되면 끈질겨지는 법이니까 말이다.

먼저 간 C는 이쑤시개를 입속에 넣고 얘기했지만 가까운 친구들 사이에 큰 실례는 되지 않을 터, 목소리는 화통한 듯했다. B는 순진한 얼굴이다. B와 C는 나무랄 데 없는 관상이었다.

하지만 A는 오랜 세월 동안 천한 행동을 해왔던 탓인지 얼굴에 많은 것이 씌어 있었다. 얌체 같음, **뻔뻔함**, 잔인함, 무식함, 무례함, 궁핍 등이 모두 모여 있었다. 한마디로 재수 없는 얼굴이다. 얼굴은 유전이 아니다. 행동에 의해 차츰 만들어지는 것이다.

이런 A는 긴 세월 동안 사람들로부터 외면당해왔을 것이다. 천한 행동으로 일관해왔을 테니까 말이다. 어쩌면 지금쯤 친지들까지 다 떠나갔을지도 모른다. 설령 그렇지 않더라도, 적어도 마음만은 그 누구도 A를 가까이하려 하지 않을 것이다. A와 같은 사람은 주변에 의외로 많다. 가진 것이 많은데도 남에게 뭔가를 얻어내려고 천한 행동을 하는 사람 말이다.

인간관계는 순간순간 수입(?)을 잡기 위해 하는 것이 아니다. 인생이란 사람에게 사람다운 짓을 함으로써 점점 더 많은 친구를 얻어가는 과정이다. 남에게 베풀면 친구를 얻게 되고, 오랜 세월 동안 그렇게 하면 인간 세상에 좋은 역사를 남기게 된다. 그리고 그것은 반드시 복으로 이어지게 되는 법이다.

인간을 대할 때 이익만 얻으려고 해서는 안 된다. 다른 사람이 그렇게 살아간다 해도 우리는 그렇게 살면 안 된다. 이 세상은 공존의 논리를 바탕으로 존재한다. 누군가가 일방적으로 자기 이익만 추구하면 공존의 논리가 무너지기 때문에 세상이 그를 단죄할 수밖에 없다. 공자는 이렇게 말했다.

"군자는 혜택을 받으려 하지 않고 형벌을 피하고자 한다."

君子懷刑, 小人懷恩

여기서 형벌이란 지탄, 결별, 귀싸대기 맞기 등이 포함되어 있는 결과를 말한 것이다. 우선 남에게 미움 받지 않아야 운명도 나를 미워하지 않는다. 남에게 존경받는 데까지 이르면 더 좋겠지만, 그 전에 자신의 이익만 앞세우면 운명은 점점 더 나쁜 쪽으로 흘러갈 것이다.

비록 현실이 가난하다고 해도, 비겁해지거나 약아빠진 사람이 되어서는 안 된다. 주위 사람들은 바보가 아니다. 내가 어떤 행동을 하면 사람들은 그것을 오랫동안 잊지 않는다. 마찬가지로 우리 역시 주위 사람들이 무슨 짓을 하며 살아가는지 잘 알고 있다. 왠지 싫은 사람은 그냥 싫은 게 아니라 분명히 이유가 있다. 필경 보이지 않는 곳에서 더러운 행동을 하고 있을 것이다. 그중에서도 천한 행동은 운을 나쁘게 만드는 데 일등공신이다.

산풍고

천한 행동은 주역의 괘상으로 산풍고山風蠱에 해당된다. 이는 자기 몸이 망가지고 운도 망가진다는 뜻이다. 또한 배신이라는 뜻도 있다.

우리 자신도 남들 앞에서 이기적으로 행동한 적이 없었는지 반성해볼 일이다. 남을 이롭게 해주지는 못할망정 몰래 나의 이익만 챙기면 안 된다. 나의 비겁한 행동은 세상이 다 안다. 아무리 은밀하게 한다고 해도, 세상은 그렇게 어리숙하지 않다. 게다가 하늘은 우리가 어떤 사람인지를 판단하기 위해 한순간도 놓치지 않고 살피고 있다.

귀인을 발견하고 만나고 사귀는 법

사람을 잘 사귀어두면 분명 인생에 도움이 된다. 그런데 아무나 만나서는 안 되고 쓸 만한 사람을 만나고 사귀어야 한다. 문제는 쓸 만한 사람이 어떤 사람인지를 판단하는 것이 쉽지 않다는 것이다. 돈과 권력이 있는 사람에게 접근해야 할 것인가, 아니면 인격자를 가까이해야 할 것인가? 예로부터 사람을 가려서 사귀어야 한다는 말이 있었지만, 뚜렷하게 어떤 사람을 사귀라는 것인지는 지칭하지 않았다. 공자는 이렇게 말했다.

"말할 사람과 말을 하지 않는 것은 사람을 잃어버리는 것이요,
말하지 않을 사람과 말을 하는 것은 말을 잃어버리는 것이다.
군자는 사람도 말도 잃지 않는다."

可與言而不與之言 失人,

不可與言而與之言 失言也,

知者 不失人, 亦不失言

공자님 말씀에서 알 수 있는 것은 '필요 없는 사람과 긴말하지 말라!'
인데, 필요 없는 사람이란 돈 없는 사람을 일컫는 것은 분명 아닐 것이
다. '말해야 할 사람과 말하라'는 것은 쓸모 있는 사람과 말하라는 것이
지만, 쓸모 있는 사람이 힘 있는 사람은 확실히 아니다. 그렇다면 도대
체 누구와 말을 하라는, 즉 사귀라는 것인가? 일견 어려운 문제 같다. 하
지만 잠깐 생각해보면 이러한 지침의 속뜻을 알 수 있다.

우선 말을 하지 않아야 할 사람은 누굴까? 비록 힘과 권력이 있는 사
람이라 할지라도, 인간 됨됨이에 문제가 있고 싸가지가 없다면 상종하
지 말라는 것이다. 왜냐? 그런 사람이 남을 도울 리 없고, 도와준다 하
더라도 그의 도움을 받은 사람은 값비싼 대가를 치러야 할 것이다. 또한
그런 사람 가까이에 있으면 나까지 덩달아 나쁜 놈이 되기 때문이다.

그런데 세상에는 비인격자이면서도 소위 성공한 사람이 너무나 많
다. 이상한가? 그렇지 않다. 나쁜 사람이라도 성공한 사람을 유심히 살
펴보면 그럴 만한 장점이 분명히 있다. 예를 들어 그가 복이 많은 사람
이라면 우리는 그 점을 존중해야 한다. 복 있는 사람을 존중하면 우리도
복을 받게 되어 있다. 왜냐하면 그는 우리가 모르는 어떤 면에서 겸허한
사람으로서 그만큼 복 받을 자격이 있기 때문이다.

《삼국지三國志》에 이런 말이 있다.

"용감한 장수는 지혜로운 장수만 못하고,

지혜로운 장수는 인격 있는 장수만 못하며,

인격 있는 장수는 복 있는 장수만 못하다."

勇將不如智將

智將不如德將

德將不如福將

여기서 결론은, 복 있는 사람이다. 복 있는 사람은 귀한 사람이라고 해석해도 된다. 반대로 복이 없는 사람은 천박한 사람이다. 재수 없는 사람이라고 해도 된다. 귀한 사람이란 지위가 높은 사람이나 부유한 사람도 해당되겠지만, 인격이 고매한 사람, 복이 많은 사람, 장점이 많은 사람도 해당되는 것이다. 또한 천박하고 재수 없는 사람이란 가난하고 힘없는 사람이 아니다. 곧 망해도 이상하지 않을 정도로 행실이 나쁜 사람, 사기꾼, 도적놈, 교양 없는 인간 등이다.

그러나 일단 사람을 만나면 그가 누구든 긍정적으로 바라봐야 한다. 그리고 나서 그중에서 쓸모없는 놈(돈이 많고 적음으로 따지지 말라)에게는 가급적 말을 적게 해서 사귀게 될 수도 있는 상황을 미연에 방지해야 할 것이고, 쓸모 있는 분(인격도 포함해서)을 만나면 말을 잘 건네어서 사귀게 될 가능성을 높여야 한다. 하지만 지나치게 사람을 차별하면 나 자신이 얌체 같은 사람이 되므로 귀인으로부터 버림받게 된다.

인간관계는 인생의 외교다. 그러니 시간과 에너지를 많이 투자해야 한다. 비록 엄마나 아내가 일찍 들어오라고 잔소리를 해도 귀인을 만날 기회가 생기면 그것을 놓쳐서는 안 된다. 말해야 할 사람과 말할 수 있는 소중한 기회를 버리는 것이 된다.

누구를 사귈 것인가는 대충 밝혀졌다. 사람은 당연히 현실에 충실해야 하지만 그에 못지않게 중요한 것은 끊임없이 귀한 사람을 찾아나서는 것이다. 물론 그 전에 이미 알고 있는 사람에게도 내 모습을 귀하게 보여주어야 한다. 즉, 가는 곳마다 귀인을 만나고 나 자신도 항상 귀하게 보이도록 노력해야 한다는 것이다. 그러기 위해서는 실제로 나 자신이 귀한 사람이 되어야 한다.

인간관계란 멀리 보고 경건한 마음으로 최선을 다해야 한다. 혼자 있을 때는 반성하고, 나 자신의 인격을 높이기 위해 부단히 노력해야 한다. 사람을 잘 사귀는 것은 그 사람으로부터 당장 이득을 보기 위함이 아니다. 오히려 누구를 만나든 그를 존경하고 받들고 베풀어야 한다.

물론 그 전에 그럴 만한 사람을 발견하는 능력을 먼저 갖추어야 할 것이다. 이른바 '사람 보는 눈'이다. 그리고 귀한 사람을 봤다면 반드시 그에 걸맞은 외교력을 발휘해야 한다. 어떻게? 그것은 종합적인 능력이 필요한데 다음 장에서 자세히 설명하겠다.

변덕쟁이에게는 운도 변덕을 부린다

한 가지 묻겠다. 여러분은 의리 있는 사람을 좋아하는가? 당연히 그럴 것이다. 의리 없는 사람은 돌연 변심하고, 쉽게 배신한다. 애써 키워온 인간관계가 한순간 와르르 무너지는 것이다. 그렇다면 여러분 자신은 의리 있는 사람인가? 당연히 그래야 한다. 의리가 지켜져야만 모든 인간관계가 안정되기 때문이다.

의리를 모르는 사람은 언제 어디서나 잔꾀를 부리고 배신을 준비한다. 의심이 가득하니 한시도 마음을 놓을 수 없다. 이래서는 인생에 발전이 없다. 의리는 서로에게 이익을 준다. 안전을 보장하여 먼 곳을 바라볼 수 있게 하기 때문이다.

생각해보자. 의리란 도대체 무엇인가? 여기 두부가 있다. 두부는 참약한 존재다. 쉽게 부서져 오래 유지할 수 없다. 두부가 아니라 나무토

막이 있다면 어떨까? 더 단단하니 오래 갈 것이다. 나무토막이 아니라 집이라면? 태산이라면 어떨까? 1,000년이 지나도 멸망하지 않고 그 자리에 있을 것이다. 태산은 참으로 견고하다.

세상에는 쉽게 변하는 것이 있고 그렇지 않은 것이 있다. 우리의 마음은 어떨까? 단언컨대 두부보다도 약하다. 사람은 쉽게 변한다. 마음이 그나마 오래 유지되는 경우는, 변하도록 밀어붙이는 힘이 없을 때다. 인간은 적당한 핑계만 있으면 서슴지 않고 변심할 수 있다.

의리란 무엇일까? 견고한 인간관계가 의리다. 쉽게 변하지 않는 것, 두부보다 강하고, 나아가 태산 같은 관계다. 《삼국지》에 나오는 관운장에게는 그러한 의리가 있었다. 소설에 나오는 춘향이도 그러한 사람이었다. 의리란 강함을 뜻한다. 그래서 쉽게 배신하는 사람은 약은 사람이라기보다는 약한 사람이라고 봐야 한다.

세상에는 허약한 사람이 아주 많다. 그래서 인간관계가 늘 불안할 수밖에 없다. 나부터 그런 사람이니 남을 탓할 수는 없을 것이다. 세상이 과연 이래야 하는가? 결단코 아니다. 세상은 안심할 수가 있어야 한다. 견고하지 못한 사람이 많으면 세상은 점점 더 믿을 수 없고 두려운 곳으로 변할 것이다.

다시 묻겠다. 당신은 견고한 사람인가? 아니면 변덕쟁이로서 항상 배신할 준비가 되어 있는가? 의리라는 것은 오랫동안 변하지 않는 마음을 말한다. 그러기 위해서는 마음이 굳건해야 하는 것이다. 나 자신부터 그런 사람이 되어야 한다.

세상에 온통 두부 같은 사람들만 돌아다닌다면 얼마나 무서운 일인가! 그 사람은 남을 속이기 위해 이리저리 두리번거리며 돌아다닐 것이다. 누군가가 나에 대한 믿음을 바탕으로 인간관계를 맺었지만, 내가 쉽게 변하는 약한 사람이라면 상대방은 얼마나 불쌍한가! 그것은 너무 잔인한 일이다. 인간관계는 견고함이 우선이다. 즉 의리가 있어야 한다.

"우리 엄마가 너하고 놀지 말래! 그래서 너를 배신할 수밖에 없었어, 미안해…."

"우리 와이프가 손해 보고 다니지 말라고 했기 때문에 어쩔 수 없었어. 나는 원래 도둑놈이 아니라고."

"그 돈 나중에 갚을게, 미안해."

"갑자기 싫어진 걸 어떡해?"

"미안하다, 주변에서 반대가 심해서 어쩔 수 없었어."

의리 없는 사람은 "미안해."라는 말 한 마디로 모든 것을 수습하려고 한다. 그래서 누군가가 말했다. '약자는 변명하고 강자는 행동한다.' 의리 없는 사람을 경계하라. 뿐만 아니라 우리 자신이 견고하고 믿을 수 있는 사람이 되어야 한다.

사람이 먼저냐, 정의가 먼저냐

누군가 말했다. 아버지가 제 발로 들어온 양을 감추니 자식이 고발하더라고…. 이 얼마나 곧은 사람인가! 아들이 정직한 사람이라는 것을 자랑하는 말이다. 누구의 죄든 용서하지 않겠다는 결의가 배어 있다. 공자는 이에 답했다.

"우리 동네 곧은 사람은 그렇지 않다.

부모가 죄를 지으면 자식이 감춰주고

자식이 죄를 지으면 부모가 감춰준다."

父爲子隱

子爲父隱

直在其中矣

여기서는 죄를 먼저 논하지 않고 부모와 자식 간의 사랑을 밝히고 있다. 성인의 견해가 그러하니 우리는 다만 그 뜻을 헤아릴 따름이다. 이와 같은 얘기는 외국에서도 전해온다. 한 사람이 다급한 목소리로 말한다.

"이보게, 내가 실수로 사람을 죽였네. 좀 도와주게….."

이 말을 들은 친구는 말없이 삽과 곡괭이를 찾아 들고 앞장선다. 시체를 감추어주겠다는 것이다. 두 친구는 숲속에 도착했고 땅을 파기 시작했다.

얼마 후 시체라는 물체를 가지고 온 친구가 말했다.

"이보게, 땅은 그만 파고 이걸 보게….."

그 친구는 물건을 풀어 보였는데, 그것은 시체가 아니고 음식이었다. 친구가 놀라며 말했다.

"아니, 이 사람아! 이건 음식이 아닌가! 도대체 뭐야, 나를 놀리려고 꾸민 짓이야?"

"하하, 미안하네….. 음식이나 좀 들지….."

두 친구는 달빛 아래에서 음식을 맛있게 먹었다. 이 얘기는 친구 간의 두터운 우정을 보여주고 있다.

이 이야기들은 인간 사이의 정이 세상의 법도를 초월한다는 것을 보여준다. 앞에서 알아본 의리다. 과연 어디까지(법을 어기면서까지) 의리를 지켜하느냐는 다른 문제다. 여기서는 정의보다 의리를 중시하라는 것이다. 당장의 이익을 떠나 인간관계를 운명마저도 함께하는 관계로 승화시키라는 뜻도 있다. 예컨대 《삼국지》의 관운장은 조조가 그토록 정성으로 받들어주는데도 유비 현덕을 향한 마음을 버리지 않았다. 요즘 세태와는 너무나 거리가 먼 얘기다. 오늘날은 사소한 이익을 위해 기꺼이 친구를 버리는 일도 비일비재하다. 우리는 어떤 사람인가? 곰곰이 생각해볼 일이다.

사람이냐, 정의냐? 이 문제는 참으로 어려운 과제인데, 나도 비슷한 경험을 한 적이 있다. 오래전에 나는 한 신문사에 출입한 적이 있었다. 그 신문에 글을 기고했는데, 그 일 때문에 신문사 사장을 종종 만나곤 했다. 그러다 보니 신문사 얘기나 세상 돌아가는 얘기를 듣기도 했다. 나는 제법 긴 세월 동안 그 신문사 사장하고 얘기를 나누곤 했는데, 하루는 그가 나에게 심각하게 물었다.

"초운 선생, 내가 물어보는 그 많은 문제에 대해서 어떻게 그렇게 늘 올바른 견해만 내놓는 것이요? 당신은 정말 탁월한 분이오….."

사장은 나보다 20년 이상 연배가 높은 분이었는데, 어려운 문제가 있을 때마다 나에게 의견을 물어왔고, 내 대답이 적중했다는 것을 신기해하면서 나를 칭찬했다. 그래서 나에게 세상을 보는 방법을 은근히 물었던 것이다. 나는 대답했다.

"사장님, 제가 솔직히 말씀드려도 기분 안 나쁘시겠습니까?"

"허허, 그게 무슨 말씀이오? 초운 선생의 말씀이니 내 귀담아 들으리다. 말씀해보세요."

"네, 사장님. 그간의 사정을 얘기해드리지요. 저는 그 문제들에 대해서 단 한 번도 정답을 생각한 적이 없습니다."

"네? 무슨 뜻이요?"

"이제야 말씀 드리겠습니다. 저는 사장님이 어떤 문제에 대해 물어왔을 때 최우선적으로 사장님의 견해가 무엇인가를 생각했고, 그 견해를 답으로 정해서 제 생각인 것처럼 말씀드렸습니다."

이는 사실이었다. 나는 그분이 질문을 던질 때마다 무조건 그분의 생각을 순간적으로 탐지해 답으로 말씀드렸던 것이다. 어떻게 사람을 그토록 잘 알 수 있느냐 하는 문제는 아주 심오한 문제다. 간단히 답하면, 사람은 누구나 말할 때 자신의 견해를 은근히 드러내는 법이다. 나에게 질문을 하는 것 같지만, 사실은 그 질문 안에 그가 듣고 싶어하는 답이 들어 있다.

나는 항상 사람을 살피고 그 의중을 생각하는 훈련을 해왔기 때문에 어렵지 않게 그분의 마음을 알 수 있었다. 그리하여 항상 그분 마음에 드는 답을 내놓을 수 있었다. 그분은 내가 마치 정답을 내놓은 것처럼 느꼈을 뿐이었다. 그런데 내가 '정답이 아니라 당신 생각대로 대답했다'고 말하니 적잖이 놀랐던 것이다.

"정말 그렇단 말이요? 에이, 초운 선생은 나쁜 사람이구먼, 허허….."

사장은 이렇게 말하면서도 기분 나빠하지 않았다. 그렇다면 여기서 사장의 심리를 분석해보자.

'초운 선생은 역시 내 편이야. 내 생각에 무조건 찬성하겠다는 말이지? 참 괜찮은 사람이군. 나는 큰 동지를 얻었어. 좋아, 좋아….'

사장은 필경 이렇게 생각하고 있었을 것이다. 나는 솔직히 얘기했던 것이고, 사장은 뒤를 이어 말했다.

"말을 조심해야겠어. 음, 그래야지. 좋아요, 초운 선생, 지난 일에 대해서는 화내지 않겠소. 다만 앞으로는 내 생각 말고 선생의 견해를 들려주시오. 약속할 수 있겠소?"

나는 정중히 대답했다.

"네, 앞으로는 냉정하고 솔직하게 제 의견을 말씀드리겠습니다."

이 이야기에 나오는 사장은 원래 외교의 달인이었다. 게다가 학식이 높고 인격도 훌륭했다. 지금은 이미 타계하셨겠지만, 한 시대를 풍미한 위인이었다.

얘기가 길어졌는데, 요점은 이렇다. 인간관계에 있어서는 정의를 먼저 논하지 말고 상대방의 입장을 먼저 생각하라는 것이다. 손해 보는 것을 두려워해서는 안 된다. 또한 말을 못 할까봐 걱정할 필요도 없다. 항상 남을 먼저 생각해주다보면 반드시 내 차례가 오는 법이다. 《주역》에 이런 말이 있다.

"앞서가면 혼미하고 뒤따르면 얻는다."

先迷後得

아첨하라는 얘기가 아니다. 남을 먼저 생각해주고 상대가 어려운 일을 당했을 때는 힘써 도우라는 것이다. 내가 그런 사람이라면 그는 나를 어떤 사람이라고 생각하겠는가? 몹쓸 사람이라고 생각할까? 아니다. 그는 나를 신임할 것이다.

세상을 살아가는 데 정의가 유일한 판단의 기준은 아니다. 사실 세상의 행동원칙은 사람을 앞세우는 것이다. 정의는 차선책이다. 사람이 정의보다 훨씬 위에 있다. 정의는 인간이 어렸을 때 처음으로 배우는 나약한 개념일 뿐이다. 말하자면 유치한 개념인데, 그 후에 사람은 성장하면서 더 높은 수준의 개념을 공부하게 된다. 그것이 바로 인간우선주의다.

곤위지

주역에서 곤위지坤爲地 괘상은 순종을 의미한다. 하늘을 받들어 천지화육에 참여한다는 뜻이다. 복이 많은 사람은 윗사람을 비판하기에 앞서 따르지 못함을 부끄러워하는 법이다. 옛 성인이 말했다.

"대부 이상은 법으로 논하지 않는다."

禮不下庶人 刑不上大夫

이는 사소한 정의보다는 인간을 먼저 존중하라는 뜻이다.

배신과 의리의 손익분기점

앞에서 골치 아픈 얘기만 했으니, 이 장에서는 조금 쉬운 얘기를 해보겠다. 지금으로부터 50년쯤 전, 사춘기에 들어선 나는 여자친구를 사귄 적이 있다. 정식으로 한 연애였고 첫사랑이었다. 2년 정도 사귀었는데, 그만 싫증이 났다. 여기서 문제가 발생한 것이다. 그동안은 그 친구가 좋았는데 점점 싫어졌다. 아니, 솔직히 말하면 밖에서 다른 여자를 많이 봤기 때문이었다. 만난 것은 아니고 그저 보이는 여자를 봤을 뿐이다. 그런데 예뻤다. 이로 인해 내 여자가 싫어진 것이다. 남자가 자기 여자에 대해 싫증이 나는 이유는 대개 이런 것들이다.

뭐가 문제인가? 그때 나는 생각했다. 예쁘지 않은 여자(처음에는 그렇게 보이지 않았는데)와 평생 함께 가야 한다니! 이것이 끔찍했다. 헤어지면 그만 아닌가? 글쎄, 그게 아니다. 적어도 나에게는 큰 문제다. 왜

냐하면 나는 의리를 대단히 중요하게 여기는 사람인데, 이제 그 친구를 버리고 싶어졌으니 얼마나 괴롭겠는가?

그녀에게 헤어지자고 말하자니 양심(의리)이 괴롭고, 그녀와 평생 함께할 생각을 하니 행복하지 않았다. 어떤 행동도 취할 수 없으니 고민은 한없이 커져갔다. 나는 의리 때문에 행복을 포기하기도 싫었고, 행복 때문에 의리를 저버리기도 싫었다. 여러분이라면 어떤 결정을 내리겠는가?

이것은 실로 어려운 문제다. 50년 가까이 지났는데 지금 생각해도 난감할 정도다. 당시 나는 10대여서 견문도 좁고 세상을 잘 모르던 시절이었다. 단지, 의리 하나는 투철해서 망설였던 것이다. 그녀가 싫어진 것은 분명했다. 하지만 그래도 사람을 버려서는 안 된다는 내 마음속의 명령도 분명했다. 대개 이럴 때 사람이 미친다고 하는데, 나도 미칠 지경이었다. 비겁한 사람이 되느냐, 불행한 사람이 되느냐? 전전긍긍하는 사이에 시간은 3개월이 지나고 있었다.

잠시 다른 문제를 생각해보자. A와 계약을 했는데, 더 큰 이익을 볼 수 있는 B가 뒤늦게 나타났다. 의리를 지키자니 이익이 적고, 이익을 챙기자니 배신해야 한다. 어떻게 해야 할까? 앞에서 소개한 연애 문제와 비슷하다. 선뜻 배신의 길을 택하자니 양심이 부끄럽다. 그렇다면 이때 우리는 어떻게 해야 하는가? 사례를 한 가지 더 들어보자. 북한에 가족이 있다고 치자. 나만 살려고 탈북 하여 남한으로 와야 하는가? 이와 같은 난감한 문제에 대해 맹자는 다음과 같은 말로 선택의 단초를 제공하고 있다.

"선은 물이요, 악은 불이니
선이 악을 이기는 것은 물이 불을 이기는 것과 같다.
하지만 적은 양의 물이 큰 불을 끌 수 있는 것은 아니다."
仁之勝不仁也
猶水勝火… 猶以一杯水
救一車薪之火也…

이 내용을 요약하면 이렇다. 인간이 선을 행해야 함은 물론이다. 하지만 아주 큰 이익을 포기하고 작은 선을 앞세울 수는 없는 것이다. 50년 전에 나는 《맹자》의 가르침을 몰랐었다. 그래서 나름대로 생각하고 결단을 내렸다. 내가 그녀를 버리는 것은 배신행위다. 하지만 그녀를 선택하는 것은 평생의 불행이므로 그 길을 갈 수는 없다. 더구나 그녀는 아직 10대이므로 지금 나와 헤어진다고 해도 평생 불행하지는 않을 것이다. 기껏해야 1년이면 제자리를 찾을 테니 지금 헤어지는 것이 낫다….

내가 배신한 것은 틀림없지만, 길게 보면 배신의 상처(그녀가 받을 상처와 나의 양심이 입을 상처)는 적고 관계유지의 상처는 너무나 컸기 때문에 내린 결론이었다. 그로부터 5년쯤 지난 후에 나는 《맹자》를 읽었고, 내 판단이 적절했음을 알았다.

덧붙여, 북한 탈출의 경우를 보자. 자신이 행복해지기 위해 탈출을 결행했다고 하자. 그런데 나의 탈출 때문에 남은 가족들이 평생 수용소에서 고생한다면 이것은 형평성이 맞지 않는다. 괴롭더라도 가족과 함께 살면서 통일을 기다리는 것이 낫다. 다만, 예외는 있다. 자신이 대단히 중요한 사람이어서 탈북 후에 북한에 타격을 줄 수 있는 대단한 정보를 가지고 있다면 이는 가족을 희생하고(물론 본인도 한없이 괴로울 테지만) 통일에 기여한 것이니 충분히 보람이 있다. 즉, 탈출해도 좋을 것이다. 그렇다면 힘없는 가족은 어떻게 하는가? '함께' 탈출하도록 힘써야 한다.

앞에서 말한 사업의 경우를 보자. 이미 A와 계약했다 하더라도 B가 더 큰 이익을 준다면 위약금을 물고서라도 계약을 해지할 수밖에 없다. 그런데 A가 평소에 친한 사람이라면 어떻게 할 것인가? 이때는 이익과 친분 사이에서 저울질을 해봐야 할 것이다. 별로 큰 이익도 아닌데 지인을 배신해서는 안 된다. 하지만 배신(계약해지)으로 얻는 이익이 아주 크다면 얼마든지 생각해볼 만한 문제다. 이럴 때는 배신이 아니고 생존을 위한 선택이기 때문이다.

예를 들어 동창 K와 사업계약을 맺었다고 하자. 이로써 1,000만 원의 이익이 생긴다. K는 나로 인해 2,000만 원의 이익이 생긴다고 하자. 그런데 내가 계약을 해지하면 나에게 1억 원이 생긴다. 그러면 계약을 해지하는 편이 낫다. 그런데 이 배신으로 K가 큰 불행에 빠진다면 나의 이익 1억 원을 포기해야 하지 않을까? 친구도 친구 나름이다. 대수롭지 않은 관계라면 이익을 선택해도 좋다.

이것은 생각할수록 어려운 문제다. 좀 더 자명한 예를 들어보자. 2차 세계대전 때 영국군 특공대원이 적진에 진입했다. 적군 사령관을 암살하는 것이 임무였는데, 이것이 성공했다. 함께 출동했던 대원과 현지 레지스탕스 대원들이 협력하여 이룩한 쾌거였다. 그런데 이 특공대원은 현지에 있었던 자기 가족의 목숨을 살리기 위해, 적군에게 작전을 함께한 팀원 모두를 밀고했다. 국가와 동지를 배신하고 가족을 구했던 것이다. 전쟁이 끝나고 이 군인은 체포되어 사형을 당했다. 가족이냐, 조국이냐? 이것은 매우 어려운 문제다.

배신도 정도껏 해야 이해가 된다. 지나치게 큰 배신은 무엇으로도 변명할 수 없다. 맹자의 가르침은 의리를 중시하라는 것이었다. 거기에 예외사항을 하나 붙여줬을 뿐이다. 공자도 말했었다. 양 한 마리는 사소한 것이다. 이것에 대한 정의를 지키려고 아버지를 감옥에 보내서야 되겠는가!

여기에서 잊지 말아야 할 교훈이 하나 있다. 인간관계는 암묵적으로 맺은 결속력으로 유지된다. 《삼국지》에서 관운장과 현덕은 무한한 의리로 맺어진 사이였다. 이것을 깰 수 있는 것은 세상에 아무것도 없었다. 현덕은 휘하의 장군 조자룡이 위험을 무릅쓰고 아들을 구해오자 그 아이를 내동댕이쳤다고 한다. 이유는 자신의 아들 때문에 조자룡 같은 장수를 잃을 수는 없다는 것이었다. 즉, 자식보다 조자룡과의 의리가 더 중요하다는 것이다. 참으로 아름다운 얘기들이다.

이제는 의리보다 이익을 중시하는 세상이 되어버렸다. 가족을 위해 친구를 헌신짝 버리듯 버리기도 한다. 의리가 점점 사라지고 있는 이런 세상에서 큰 의리를 품고 살아간다면 그는 참으로 위대한 인간이다. 이런 사람과 교류를 하면 영광이 아닐 수 없다. 또한 우리 자신이 남에 대해 의리를 굳게 지킨다면, 하늘로부터 신뢰를 받는 사람이 될 수 있다. 작은 행복 때문에 큰 의리를 저버리지 말아야 할 것이다.

정신의 수준이 운의 수준이다

'우물 안의 개구리'라는 말이 있다. 넓은 세상에 나가보지 못한 사람을 일컫는 말인데, 상당히 잘난 사람도 간혹 자신을 그렇게 표현하는 경우가 있다. 산의 높고 낮음은 다른 산과 비교할 때만 의미가 있다. 자기가 서 있는 땅과 비교하면 항상 산이 이긴다.

인간에게는 수준이라는 것이 있다. 높고 낮음의 등급이 있다는 말이다. 인간의 등급이라니? 사람은 모두 평등한 것 아닌가? 그렇다면 인간은 어떤 면에서 평등하다는 것인가? 이 문제는 법적, 종교적, 사회적인 면에서 그렇다는 것일 뿐, 실제 세상은 불평등으로 가득 차 있다. 여기서 평등사상을 논하자는 것은 아니다. 사람마다 다른 정신의 수준에 대해 생각해보자는 것이다. 확실히 사람마다 정신의 수준이 다르다. 예를 들어보겠다.

얼마 전 나는 어느 파티에서 O라는 사람을 만났다. O는 젊은 사람이었는데, 질서 개념이 없고 상당히 이기적이었다. 음식이 차려진 테이블 앞에서, 재빨리 움직여 가장 좋은 자리를 차지하고 음식을 독차지했다. 먹는 모습은 아주 게걸스럽고 쩝쩝대는 소리도 시끄러웠다. 주위 사람들이 얼굴을 찌푸릴 정도였다. O는 옆 사람은 아랑곳하지 않고 음식을 파헤쳐가며 제가 먹고 싶은 것만 홀랑 골라 먹었다. 남들이 도저히 먹지 못하게 만들어놓은 것이다.

그러다 갑자기 테이블 앞에 앉은 채로 시끄럽게 전화를 받았다. 목소리를 높이며 심하게 웃어댔다. 때문에 주변 사람은 이미 대화를 나눌 수 없는 상태가 되었다. 통화가 끝나자 O는 다시 지저분하게 먹기 시작했다. 이윽고 식사를 마친 O는 등받이에 편안히 기대어 졸기 시작했다. 나는 그를 거칠게 깨웠다.

"이보게, 젊은이! 나랑 얘기 좀 하세…."

나의 말에 O는 당황하며 일어나 자세를 고쳐 앉았다.

"네? 아! 네, 선생님…."

다행히 대답은 아주 공손해서 방금 전까지 봐왔던 모습과 대조적이었다. 나는 O를 한쪽 구석으로 데리고 가서 대화를 시작했다.

"자네 말이야, 남을 좀 생각해야지."

"네? 무슨 말씀이신지요?"

"세상을 독차지하지 말라고!"

"제가 뭘 잘못했는데요?"

"시끄럽게 떠들고, 맛있는 것만 골라 자기 앞에 당겨놓고 먹는 것, 그게 잘못이 아닌가?"

"잘 모르겠는데요!"

여기까지 얘기하고 나는 이놈이 아주 뻔뻔하다는 사실을 알았다. 그래서 이번 기회에 버릇을 단단히 고쳐줘야겠다고 생각하고 다소 목소리를 높였다.

"너 말이야, 정말 모르겠어?"

"네⋯."

"그래? 남을 좀 배려하라는 거야. 그래도 모르겠어?"

"모르겠는데요, 배려가 뭐예요?"

"음, 쉽게 얘기하지. 남들도 좀 생각하고 양보도 좀 하고, 전화도 좀 조용히 받으라고! 알겠냐?"

여기까지 말하고 얼굴을 살펴봤다. 아니, 노려봤다. 그러자 O는 정중하게 말했다.

"선생님, 전화는 제가 잘못했고요. 그런데 다른 말씀은 잘 모르겠는데요! 왜 남을 생각해줘야 되지요?"

이 말에 나는 모든 것을 파악했다. O는 불량한 놈이 아니라 어떤 개념 하나를 이해하지 못하는 사람이었던 것이다. 왜 남을 배려해줘야 하는가?

"음, 좋아. 너는 인간이 다른 인간을 좀 배려해줘야 하는 이유를 모른다는 말이지?"

"네, 선생님."

"정말 몰라?"

"모르면 모르는 거지요. 정말 모르는데 어떡해요?"

의학적으로 말하자면, O는 뇌의 거울뉴런mirror neuron이 활동을 못하고 있는 것이다. 쉽게 말하면 공존의 논리를 모르는 것이고, 더 쉽게 말하면 못 배워먹은 인간이다. 자랄 때 가정교육을 제대로 받지 못했던 것이다. 그러니 O는 인간이라면 다른 인간도 생각해줘야 한다는 개념을 아무리 설명해도 이해할 수가 없었던 것이다.

더 말해 무엇하랴! 인간은 아주 쉬운 개념도 이해하지 못하는 사람이 있고, 고도로 어려운 개념까지 이해를 하는 사람이 있다. 사람마다 정신의 수준은 천차만별인 것이다. 그렇다고 O를 비웃지는 말자. O가 배려를 모르듯, 우리도 특정 개념을 모른 채 살아왔을 수 있기 때문이다. 인간은 저마다 수준이 다르기 때문에, 운명도 등급이 달라질 수밖에 없다.

사람과 사람이 제대로 교류하려면 나 자신의 수준부터 높여야 한다. 인간의 행동에는 수백수천 가지의 의미가 있고, 상대방은 그것을 쉽게 알아챈다. 속된 말로 '척 보면 견적이 나온다'는 말이다. 내 수준이 낮으면 당연히 비슷한 사람들을 만날 수밖에 없다. 위대한 사람과 사귀고자 한다면 자신의 수준을 먼저 높여야 한다. 말이나 행동이 천박해서는 안 된다. 너무 무식해서도 안 되고, 이유 없이 웃어도 안 된다. 상대방은 나의 됨됨이를 주시하고 있다.

먼저 스스로를 갖추고 나서 세상에 뛰어들어야 한다. 여기서 인간의 등급은 돈이나 권력을 말하는 것이 절대 아니다. 형이상학적인 수준을 말하는 것이다. 인격이라고 말해도 좋고, 품격이라고 해도 좋다. 사람은 정신적으로 깊고 넓어야 하는 것이다. 그러므로 평소에 공부를 게을리하지 말아야 한다. 사람을 만날 때는 항상 나의 공부가 부족하다는 것을 깨달아야 한다.

얼굴은 자주 보이되 입은 다물라

먼 옛날 인류의 조상들은 흩어져 홀로 지내면서 혹독한 자연환경과 싸워야 했다. 그때는 협동의 이익을 몰랐다. 하지만 진화의 과정을 통해 협동의 이점을 발견하고 곧바로 집단을 형성했으며, 이로써 인류는 자연계에서 두각을 나타내 마침내 만물의 영장으로 자리를 굳혔다. 이는 오로지 협동의 결과다.

인류의 힘은 3가지로 나누어볼 수 있는데, 첫째는 당연히 지능이고, 둘째는 손으로 무언가를 만들 수 있는 능력이며, 셋째는 협동의 힘이다. 이 중에서 협동은 마지막에 진화한 것으로서, 현재까지도 맹렬히 발전하고 있다. 다만 인류가 아직까지 지구 전체를 하나로 묶는 협동정신을 발휘하지 못하고 있다는 사실이 애석할 뿐이다.

'협동'의 심오한 원리는 간단히 말할 수 없다. 하지만 모든 집단에서 협동이 필요하다는 사실은 누구나 잘 안다. 국가, 회사, 가정 등 어디서든 마찬가지다. 인간은 2명 이상 모이면 즉각 협동의 필요성이 생긴다. 그렇기 때문에 협동하는 법을 알면 인간관계도 쉬워진다.

직장에서의 인간관계를 살펴보자. 어떻게 행동하는 것이 옳은가? 어떻게 협동해야 나의 운을 좋은 쪽으로 발전시킬 수 있는가? 큰 틀에서 생각했을 때 구체적으로 어떤 정신을 갖춰야 하는가?

A는 세상에 태어난 지 40년이 넘었다. 이 사람은 군대도 갔다 오고 좋은 대학도 나왔고 아주 좋은 직장에 취직도 했다. 건강하고 잘생겨서 매사가 잘 풀려나가고 있었다. 그러던 중 심상치 않은 일이 발생했다. 직장의 후배가 A보다 먼저 진급한 것이다.

처음엔 대수롭게 생각하지 않았다. 그러나 또 다른 후배가 먼저 진급하자 A는 기분이 안 좋았다. 하지만 자신을 위로할 수밖에 없다. '이제 내 차례가 오겠지….' 그런데 일은 여기서 끝난 것이 아니었다. 또 다른 후배가 진급하더니 이번에는 아예 그 후배가 A의 부서에 팀장으로 온 것이다. A는 이제 확실한 위기감을 느꼈다. 머지않아 퇴직을 해야 할지도 모른다고….

이 상황은 뻔했다. A는 이미 오래전부터 나쁜 운명으로 들어서고 있던 중이었다. 모든 것이 예정되어 있었던 것이다. 직장의 상부에서는 A를 밀어내고 있는 것이 분명해 보였다.

이와 같은 일은 요즘 사회에서 종종 볼 수 있는 현상이다. 위의 일은 모두 실화인데, 나는 A에게 오래 전부터 충고를 해주던 차였다. A에게는 중대한 단점이 있었기 때문이다.

첫째, 이 사람은 왕성한 문제제기 욕구가 있다. 문제는 때와 장소를 가리지 않는다는 것이었다. 공식적인 회의자리이든, 퇴근 후 회식자리든, 모든 일에 자기 의견을 지나치게 적극적으로 내놓았다. 아주 세세한 부분까지 자신의 생각을 주장했고, 남이 자신과 같은 의견을 내놓으면 그것을 한 번 더 설명하기 위해 또 나서곤 했다. 한마디로 분위기 파악 못하고 나대는 사람이었다.

둘째, 자기주장이 지나치게 강하다 보니, 자신과 다른 의견이 나오면 상대가 누구든 상관없이 끝까지 싸웠다. 죽어도 지는 법이 없다. 상대방이 지쳐서 그만두어도 끝까지 따라붙어 확인사살을 했다. "당신이 틀린 것 맞지요?", "팀장님이 틀린 거예요, 아셨지요?" 하면서 말이다. A에게는 정답이란 것이 아예 존재하지 않는다. 자신이 내놓은 것만 정답일 뿐이다. 그는 영원히 지지 않는 사람이다.

셋째, A는 자신이 하는 일에 대해서는 항상 비밀에 부쳤다.

넷째, 반면 남의 일에 대해서는 끝까지 알아내려고 애썼다. "어제 뭐 했어요?" 등을 집요하게 물었다.

다섯째, A는 남이 말할 때 잘 듣지 않았고, 조금도 흥미를 보이지 않았다.

여섯째, 상사가 일을 시키면 절대 시키는 대로 하지 않았다. 더 좋은 방법이 있다며 어떤 일에도 자신의 뜻을 굽히지 않았다. 그래서 주변 사람들은 이 사람을 움직이게 하느니 차라리 설악산을 옮기는 게 쉽겠다고 혀를 내두를 정도다.

이런 사람과 누가 협동할 수 있을까? 여러분 같으면 A와 사귀고 싶겠는가? 부하로 쓰겠는가? 상사로 모시고 싶은가? 도저히 함께 일할 수 없다. 지시도 통하지 않고, 가르칠 수도 없다. 이런 사람은 내 인생에 안 나타나주는 게 가장 고맙다.

세상일은 협동이 필요하다. 나만 옳다고 주장하면 그 조직은 제대로 굴러갈 수 없다. 조직에서의 인간관계는 남의 의견을 먼저 받드는 것으로 시작해야 한다. 특히 윗사람의 의견은 완전히 틀린 것이 아닌 한 일단은 따르고 봐야 한다. 의견을 내는 데만 열을 올리지 말고, 경청하고 따르는 데 신경 쓰라는 말이다. 내 의견이 아무리 좋은 의견이라도 먼저 내 것만 주장하지 말고 남들이 인정해줄 때까지 기다리는 것이 좋다.

그 이유가 무엇일까? 세상에 필요한 것은 통합과 질서지 정답이 아니기 때문이다. 여럿이 모이면 대개는 제대로 된 길을 찾아가게 되어 있다. 그것이 집단의 힘이다. 그러니 내 주장 하나를 굽히면 협동은 빨라진다. 협동이 먼저이고 정의는 다음이란 뜻도 된다.

사회적 혼란은 좋은 의견이 없어서 발생하는 것이 아니다. 의견이 너무 많을 때 발생한다. 일단은 따르고 나중에 차차 고쳐가도 늦지 않다.

이익이 많고 옳은 의견보다는 여러 사람이 찬성하는 의견이 채택되어야 한다. 그게 세상의 이치다. 협동이 없다면 그 조직은 조직이라고 할 수도 없다.

그리고 협동이란 위에서부터 의견을 수렴해야 한다. 아버지보다 아이의 의견이 더 중요하다면 세상은 거꾸로 돌아가게 되어 있다. 직장상사는 아래에서부터 올라온 사람이기 때문에 이제는 의견을 내어놓아도 좋을 것이다. 그러니 조직생활에서는 윗사람의 말을 듣고 따르는 것에 역점을 둬야 한다.

가급적 입을 다물라. 이미 제시한 의견을 남들이 반대했다면, 그 의견을 철회하는 것이 좋다. 혼자서 국가와 민족을 구하려 하지 말고 남들이 무슨 말을 하는지 먼저 들어보자. 그리고 웬만하면 그것을 따르자. 조직 내에서 두각을 나타내는 방법은 윗사람에게 도전하는 것이 아니라 먼저 순순히 따르는 것이다. 강한 군대는 오로지 한 사람의 사령관이 지휘한다.

《육도삼략六韜三略》에 이런 말이 있다.

'윗사람은 군림하되 아래로부터 멀어지지 않고,

아랫사람은 순순히 따르되 숨지 않는다."

爲上惟臨, 爲下惟況.

臨而無遠, 況而無隱

결론은 이렇다. 조직생활을 할 때는 모든 사람에게 얼굴을 자주 보이되 가급적 자신의 의견을 앞세우지 않는 것이 이롭다. 눈에서 멀어지면 마음도 멀어지니 조직 내의 모든 사람에게 항상 자주 얼굴을 보이고, 대신 입은 자주 열지 않는 것이 좋다.

주도를 익히면 인생은 더욱 귀해진다

술을 마실 줄 모르는 사람 혹은 마시지 않는 사람은 이 장을 그냥 건너뛸지도 모르겠다. 하지만 조금만 참고 꼭 읽어주길 바란다. 인간관계와 운명에 있어 술이 차지하는 비중이 매우 크기 때문이다. 그리고 술은 마시든 안 마시든, 반드시 알아두어야 할 이유가 있다.

먼저 우리 몸을 보자. 우리의 뇌에는 알코올 수용체라는 생리장치가 있는데, 이것은 오로지 술을 위해 존재하는 장치다. 오랜 세월 동안 진화과정을 통해 얻어진 귀중한 결과물이기도 하다. 이 장치는 당초 만들어질 때 술만을 위해 만들어졌기 때문에 술을 마시지 않으면 쓸모가 없다. 그리고 만일 수술을 통해 이것을 뇌에서 제거하면 알코올 중독자라도 술을 마시고 싶은 마음이 완전히 사라지게 된다. 남성에게서 고환을 제거하면 성욕과 성기능이 사라지듯이 알코올 수용체도 그와 같다.

그렇다면 이 장치는 왜 우리 몸에 있는 것일까? 이 문제는 답하기가 어렵지 않다. 문제를 바꿔보자. 남성의 몸에 왜 고환이 있을까? 필요하기 때문이다. 알코올 수용체도 필요하기 때문에 존재한다. 고환이 있다는 것은 성생활을 해야 한다는 뜻이고, 마찬가지로 알코올 수용체가 있다는 것은 술을 마셔야 한다는 의미다. 술이 인간의 몸에 필요 없는 물질이라면 진화과정에서 구태여 그런 생리장치를 만들 필요가 없었을 것이다.

다른 측면을 살펴보자. 술을 분해하는 효소가 있는 사람과 없는 사람이 있다. 이는 오로지 유전자에 의해 결정된다. 술을 못 마시는 사람은 알코올 분해효소가 없거나 적기 때문이다. 하지만 알코올 분해효소가 없는 사람도 술을 꾸준히 마시다 보면 나중에는 그 효소가 생긴다고 한다. 단지 그것을 자식에게 유전시킬 수는 없지만, 자기 자신은 결국 술을 마실 수 있게 되는 것이다.

색맹의 경우는 아무리 노력해도 해당 색깔을 구분할 수 없지만, 알코올맹은 노력하면 반드시 그 결함을 해소할 수 있다. 이것은 무엇을 뜻하는가? 애초에 인간이 술을 마실 필요가 없었다면, 몸이 알코올 수용체를 만들 필요도 없었을 것이고, 또한 알코올 분해효소가 없는 사람은 영원히 그 효소를 만들어낼 필요가 없었을 것이다. 이렇듯 우리의 몸은 기필코 술을 마시도록 유도하고 있다.

도대체 이유가 무엇일까? 최우선적으로 꼽을 수 있는 것은 술의 약리작용이다. 술은 거의 모든 병에 대해 치료효과를 갖는다. 특히 응급상황에서는 술 한 잔이 생명을 구하기도 한다. 의학이 오늘날과 같이 발전하지 않았던 시절에는 술이 인류의 생존과 생활에 필수적이었다. 그렇다면 생존 이외에 술은 인류에게 어떤 작용을 했을까?

생각해보자. 우선 술은 인간만 마신다. 동물은 마시지 못한다. 인간이 먹는 음식은 그 종류가 무엇이든 짐승들도 먹을 수 있는데, 유독 술은 인간만 마실 수 있다. 이것은 하찮게 여길 일이 아니다. 인간과 짐승을 구분하는 또 하나의 요소가 아닌가!

이제 술이 갖는 사회적 기능에 대해 따져보자. 술은 뇌에 즉각적으로 작용하는데, 술을 마시면 인간이 가진 3가지 정신적 기능이 고양된다. 술은 친화력을 고양시키고, 새롭게 하고, 소통하게 한다. 여기서 주목할 것은 소통이다. 술을 마시면 마주 앉은 사람이 평소보다 더 예뻐 보이고, 서먹했던 사람과도 쉽게 친해질 수 있다. 원한이나 공포도 사라지고 마음이 행복해진다.

이 모든 기능의 지향점은 한 가지다. 바로 앞 장에서 살펴본 '협동'이다. 술은 인간과 인간을 더 친해지게 만드는 기능이 있다. 이것이 얼마나 훌륭한 작용인가! 동서고금을 막론하고 인간세상은 서로 친하지 못한 것이 큰 문제였다. 인류가 오늘날 수백 개의 국가로 나뉘어 서로 싸우는 것도 친하지 못하기 때문이다. 술은 문화와 사상을 교류시키고,

인류를 통합하는 데까지 기여할 것이다.

희랍신화를 살펴보면 술은 원래 신의 전유물이었다. 인간은 마실 자격이 없었고, 신들만 술을 마셨다. 술을 마시면 정신이 혼미해지는데, 신들은 그것을 좋은 쪽으로 승화시킬 수 있었다. 하지만 인간은 그 혼돈을 나쁜 쪽으로 사용했다. 때문에 술이 나쁜 것이라고 생각하는 사람도 있는데, 그것은 인간의 잘못이지 술의 잘못은 아니다.

그렇다면 신들은 이 훌륭한 '정신의 음료'를 잘 소화하고 활용하는데, 왜 인간은 그렇게 하지 못하는가! 물론 아주 많은 사람이 신들처럼 술을 잘 소화해낸다. 하지만 극소수의 인간들은 술을 마시면 정신이 아예 망가진다. 이는 분명히 그 사람의 잘못이다. 인격에 문제가 있는 것이다. 이런 사람은 자신의 단점을 발견하고 정신을 훈련시킬 필요가 있다. 술에 관해 더욱 경건하게 여기고 과음하지 않는 자제력을 길러야 한다. 그런 점에서 술은 정신을 단련시키는 효과도 있다.

신들은 올림포스 산에 모여서 술을 마시면서 고도의 교류를 이룩했다. 그래서 신들은 술을 사랑했다. 그리고 이 위대한 음료를 인간에게 금지시켰다. 이는 신과 인간을 차별하기 위한 것이 아니었을까? 오늘날 인간은 술을 마시게 되었지만 어린 아이들에게는 금지시킨다. 마치 신들이 인간에게 했던 것처럼 말이다. 내 결론은 이렇다. 술은 고도의 정신을 가진 사람이 꼭 마셔야 하는 신령한 음료다.

신화를 다시 살펴보자. 신들은 술을 그토록 아끼고 인간에게 금지시켰지만 신의 아들인 디오니소스가 인간세계에 술을 몰래 가져왔다. 인류를 구원하기 위한 것이 아니었을까? 디오니소스는 문화의 신이라고 일컬어지고 또한 술의 신이라 불리기도 한다. 인간생활에 술만큼 고도의 문화가 있는가? 술은 신이 내려준 축복이다.

주역에서는 술의 성질을 '천天'으로 분류하는데, 이는 활동력과 창조력을 상징한다. 디오니소스는 바로 그러한 신이었다. 술은 적극적이고 폭넓은 인간교류를 가능케 한다. 현대사회에서 술자리를 함께 나눌 수 있다면 이는 상대방과 이미 아주 친하거나 앞으로 친해져야 할 사람으로 여길 수 있다. 그렇지 않은 사람이라면 굳이 술까지 함께 마실 필요는 없다. 식사나 차 정도면 족하다. 별로 중요한 의미가 없다면 만나지 않고 전화통화로도 얼마든지 일을 처리할 수가 있다.

이렇듯 술자리는 사교의 정점인 셈이다. 그러니 무조건 술을 기피하기만 하는 사람은 아직 정신이 성숙하지 못한 사람이다. 공자님도 술은 한량없이 마시지 않았던가 唯酒無量 不及亂! 다만, 주도를 경건하게 지키고 자신의 한계를 넘지 않는 자제력과 정신훈련이 필요하다.

좋은 운을 부르는 주도

그렇다면 술은 어떻게 마셔야 하는가? 술 마시는 방법에 대해 간략하게 얘기해보자. 주도酒道라고 하는 것인데, 이를 수행하면 몸과 마음에 큰 이익을 얻을 수 있다. 기본원리는 음양에 있다. 술은 양이고 술잔은 음이다. 그리고 술은 양이고 안주는 음이다. 여기서 양은 앞서는 것이고 음은 뒤따르는 것으로 해석하면 된다. 이 장에서는 부득이 잔이 가진 음의 의미를 여성에 비유해서 설명할 예정인데 여성 독자들께 미리 양해를 구하겠다.

빈 잔은 꼭 채워라

누군가의 잔이 비었으면 이를 최우선으로 채워준다. 술자리는 잔에 술이 채워진 후에 이루어지는 것이다. 양이 와서 자리를 지킨다는 뜻이기 때문이다. 남의 잔이 빈 것을 보고도 자기 입에 음식을 넣기 바쁘다면 이는 음(빈 잔)을 저버리는 것이다. 또한 주인(술)이 없는데 객(안주)이 먼저 행동하는 형국이 된다. 거듭 강조하지만, 서로의 술잔에 술을 따라주고 그다음에 안주를 권해야 한다. 양이 이루어졌으니 음이 뒤따른다는 것을 상징한다.

내 술은 내 잔에

요즘은 그런 문화가 많이 사라졌는데, 불과 얼마 전까지만 해도 직장에서 회식할 때 상사가 부하직원에게 자신의 술잔을 건네며 술을 따라주는 경우가 있었다. 이는 위생상의 문제도 있고, 운명적으로도 바람직한 행동이 아니다. 술은 자기 잔으로 먹어야 한다. 내 잔을 남에게 돌리는 것은, 내 여자를 남에게 준다는 뜻이므로 서로에게 실례가 되는 일이다.

이미 술을 받아놓은 사람에게 마음의 표시로 술을 더 주고 싶다면, 깨끗한 새 잔을 사용해야 한다. 그리고 술잔을 2개 받은 사람은 먼저 받은 것을 먼저 마셔야 한다. 이는 비유하자면 먼저 온 여자(술잔)를 무시하고, 뒤에 온 여자(나중에 따른 술)를 받아들이지 말라는 뜻이다.

폭탄주는 재수가 없다

폭탄주는 아주 나쁘다. 한마디로 재수가 없다. 한 여자(술잔)에 두 남자(두 가지 술)란 뜻이 있다. 이를 마시는 자는 두 아버지의 자식이란 뜻이고, 지도자(술)가 둘이므로 조직이 혼란에 빠진다는 뜻도 있다.

안주는 나중에

술자리에서는 반드시 술을 마신 후에 안주를 먹는다. 안주를 먼저 먹으면 안 된다. 음이 양을 앞서서는 안 된다는 뜻이 있다. 여기서 말하는 것은 식사자리에서 술을 반주로 마시는 경우가 아닌 술자리를 뜻한다.

안주는 술을 먼저 마시고 즉시 그 잔을 채운 후에야 먹을 수 있다. 안주는 음이므로 항상 술을 마신 후에 먹어야 한다. 식사자리라면 안주부터 먹어도 좋겠지만 천박하기는 이것 역시 마찬가지다. 안주를 먹었다면 수저를 내려놓고 다음 술을 마실 때까지 기다린다. 입안에 안주가 있을 때는 술을 마시지 않는다. 젓가락을 항상 쥐고 있는 것은 음탕한 짓이다.

계속 안주만 먹어대는 것도 좋지 않다. 여자를 너무 밝힌다는 뜻이 있다. 술을 적게 먹는 사람이 안주를 많이 먹는 것은, 어린아이가 여자를 취하는 것과 같다. 술은 아무나 먼저 마셔도 되지만 안주는 상대방에게 먼저 권해야 한다. 음을 존중한다는 뜻이다.

잔을 서로 부딪치지 않는다

술은 남자부터 따른다. 여자는 음이기 때문이다. 잔은 서로를 향해 받드는 식으로 마시되 잔을 부딪치지 않는다. 이는 남편(술)을 무시하고 여자(잔)끼리 난동을 부리는 것과 같다. 술은 양과 음의 절도에 따라 귀하게 마셔야 한다.

특히 주의할 것이 하나 있다. 바로 술잔을 뒤집어놓는 일이다. 술잔을 뒤집어놓는 자는 그 자리에서 당장 쫓아내야 한다. 이는 여성(술잔) 학대고 성희롱이다.

그런 의미에서 술이 약한 사람에게 술을 강제로 권하는 것은 강간이

나 마찬가지다. 술은 양이지만 그것을 마실 때는 몸(건강)이 허락해야 한다. 술자리에 와서 술을 한 잔도 마시지 않는 사람은 거역의 뜻이 있는 것과 같으니 다음부터는 데려오지 말아야 한다.

잔 속에 안주가?

간혹 술을 마시다보면 술잔 속에 안주가 떨어지는 경우가 있는데, 그 때는 떨어진 안주를 건져서 버린다. 이는 음(안주)이 양(술)에 달려든 것이니 천박하다. 이때 안주는 버렸지만 그 술은 마셔도 좋다. 반대로 안주에 술이 부어졌을 때는 양이 음에 왔으므로 음에게는 잘못이 없다. 즉 그 안주는 먹어도 된다.

마시길 강요하지 말 것

노래를 할 때는 술잔을 받아놓고 해야 한다. 내 술잔이 비었을 때 남에게 채워달라고 직접 말해서는 안 된다. 남이 나의 빈 잔을 발견해주어야 하는 것이다. 잔을 들고 술을 달라고 하는 것은 음이 양에게 구걸하는 것이다.

빈 잔은 무조건 채워져야 하고, 잔을 받고 나서는 안 마셔도 상관없다. 잔을 받는 것은 양을 뒤따른다는 뜻이지만 이를 강제로 몸 안에 부어 넣을 수는 없기 때문이다. 술을 더 이상 못 마시겠다는 사람에게 술을 더 먹이려 하는 것은 폭행이나 다름없다.

이처럼 술을 마시는 형식은 아주 다양하기 때문에 여기서 다 얘기할 수는 없다. 하지만 원리는 간단하다. '사랑과 존경'이다. 양은 앞서고 음은 뒤따르는 것이며, 양은 음을 보호하는 것이고 음은 나서지 않는 것이다. 술을 따를 때나 마실 때 두 손으로 하는 것은 음과 양에 대한 사랑과 존경을 뜻한다. 그래서 나는 어느 자리에서나 술잔을 두 손으로 경건하게 들고 조심스럽게 마신다.

주도는 군자 혹은 신사가 반드시 익혀야 할 아름다움이다. 특히 여성이 주도를 익히면 더욱 귀해지고 복을 받는다. 아쉽지만 주도에 대한 설명은 이 정도로 마무리하자.

먼저 주는 자가 먼저 이긴다

L은 오랜 세월 동안 생선 다루는 기술을 배워 자그마한 식당을 차리게 되었다. 고급 일식집은 아니었고, 그저 수족관에 생선을 받아서 즉석에서 회를 떠서 파는 미니 횟집이었다. 처음에 L은 큰 어항에 생선을 잔뜩 준비해서 의욕적으로 장사를 시작했다. 그런대로 손님이 약간은 있었다. 그런데 문제가 생겼다. 갑자기 생긴 문제라기보다 처음부터 있었던 문제다.

산지에서 직접 공급받아서 파는 생선은 마리당 마진이 넉넉했다. 원가의 5배 정도를 받았다. 그런데 그날 팔지 못한 생선은 버려야 하니 마진율이 급격히 떨어졌다. 이렇게 저렇게 따져보니 결국 전체적으로 적자였다.

그래서 L은 생각했다. 받아오는 생선의 양을 줄여서 버려지는 양을 줄이자고. 물론 손님이 많아지면 생선 공급량도 늘릴 요량이었던 것이다. 그런데 생선의 양이 줄어들자 진열효과도 줄어들고, 손님의 기호도 다 충족시킬 수 없었다. 이런 문제 때문에 손님이 줄어들기 시작했다. 난감한 일이 아닐 수 없다. 수족관을 가득 채우면 제법 손님은 있지만 폐사하는 생선이 늘어나고, 이를 줄이려고 생선의 양을 줄이면 손님까지 줄게 되니까 말이다.

L은 이 문제로 그 분야의 전문가에게 자문을 구했다. 전문가는 말했다.

"생물 장사는 원래 어려운 것입니다. 방법은 한 가지밖에 없습니다. 생선을 잔뜩 준비하는 것이지요. 수족관이 가득 차면 손님은 늘게 마련입니다. 물론 죽는 생선도 많아지지요. 그래도 생선의 양은 늘 넉넉하게 유지해야 합니다. 손해를 좀 보겠지요. 하지만 어쩔 수 없습니다. 견딜 수 있을 때까지는 해봐야죠. 그러다 손님이 많이 늘어나면 성공한 것입니다. 하지만 손해가 늘어나서 견딜 수 없으면 이 사업은 접어야 하는 것이지요.

요점은 하나입니다. 처음엔 손님을 위해 많이많이 준비합니다. 먼저 줘야 손님이 옵니다. 낚시도 이런 원리이지요. 낚싯밥을 먼저 줘야 고기가 모이는 법입니다. 낚아채는 것은 그다음이지요…."

L은 전문가의 조언을 따랐다. 그 결과 손님이 늘었고 흑자로 돌아섰다. 사업이 성공한 것이다. 이것이 장사의 원리다. 사람에게도 먼저 베풀어야 한다. 상대가 먼저 베풀 때까지 눈치를 보면 안 된다. 무조건 내

가 먼저 나서서 상대를 배려해야 한다. 가는 곳마다 그래야 한다. 돈을 아끼려고 슬슬 뒤로 빼다가는 어느새 비겁한 근성이 몸에 배게 되고, 내 주위의 모든 사람이 그것을 느끼게 된다. 결국 좋은 친구는 다 도망가게 되는 것이다. 좋은 운을 끌어당기는 것 역시 사업을 하듯이 투자로부터 시작해야 한다.

인간에게 베푸는 것이 아까우면 평생 그 돈을 저축하라. 큰 출세는 못하고 쩨쩨한 인생에 정착하게 될 것이다. 큰 포부란 일찌감치 시간과 돈을 투자해서 결판을 내겠다는 각오다. 이와 같은 섭리는 먼 옛날 강태공이 문왕에게 가르쳤던 내용이다. 먼저 주고 나중에 사람을 얻겠다는 고도의 전략이 필요하다.

그렇다면 나만 주라는 말인가? 그게 아니다. 몇 번 내가 베풀었는데 번번이 얌체짓을 하는 사람이라면 자주 만나지 않으면 된다. 세상은 얌체들만 있는 것이 아니다. 오히려 내가 얌체짓을 한 적 없었나를 걱정해야 한다.

예를 들어보자. C라는 사람이 있었다. 이 사람은 자기가 먼저 친지들에게 연락하는 법이 없다. 언제나 남들이 연락을 해야만 그때서야 밖으로 나선다. 자기가 주도권을 잡고, 사람들이 자신을 따르도록 만들겠다는 의도였다. 그는 자기 자신이 언제 어디서나 스타이고 주인공이어야 한다는 생각이 강했다.

물론 남녀사이라면 약간의 '밀당'이 필요할 수도 있다. 상대방이 따라올 때까지 참아야 하는데 그러질 못해서 관계를 망치는 경우도 있다. 하지만 일반적인 인간관계는 다르다. 내가 먼저 남에게 시간을 베풀겠다는 능동적인 자세를 취해야 한다. 상대방한테 거절당하는 것을 자존심 상하는 일이라고 생각해서는 안 된다. 상대방이 마침 시간이 없다고 하면 그저 그런가 보다 하고 이해하면 그만이다.

내가 45년 동안 지켜봐왔는데 C는 현재 쓸데없는 친구들 몇 명 사이에서 겨우 교류를 유지하고 있다. 많은 사람이 다 떠나갔고, 고독한 인생이 된 것이다. 생활수준은 최하인데도 아직 꿈속을 헤매는 중이다. 먼저 주는 자는 흥하고 먼저 받겠다는 자는 망한다. 사람을 만나자마자 재물을 아끼려고 신경전을 벌인다면, 이는 좋은 운을 일부러 쫓아내는 것과 다름없다.

참고로, 직장 내 인간관계에 대해 잠깐 짚어보겠다. 뒤에서 더 자세히 알아보겠지만, 직장에서는 일단 상사에게 잘 보이는 것이 중요하다. 그런데 사실 윗사람에게 좋은 인상을 주는 방법은 그리 어렵지 않다. 매력을 갖추도록 애쓰고, 시간을 투자해 잘 받들고, 돈을 잘 쓰면 된다. 까놓고 말해 인간관계의 기본은 매력, 시간, 돈 이 3가지면 충분하다. 멍청하거나, 매번 일찍 빠져나가거나, 돈을 아끼면 이는 어떤 인간관계에서든 반드시 미운털(?)이 박힌다. 일 못하는 사람보다 괘씸죄로 찍힌 사람이 사회생활은 더욱 고달픈 법이다.

그런데 진짜 문제는 자신이 괘씸죄로 찍혔다는 사실도 까맣게 모른다는 것이다. 불경에 보면 '알고 지은 죄보다 모르고 지은 죄가 더 크다'고 하는데, 바로 괘씸죄의 경우다. 자신은 죄가 없으니 별 탈 없다고 생각하겠지만, 인간관계에서는 정의가 우선이 아니다. 어쨌든 처세에도 순서가 있는데, 바로 장유유서長幼有序다.

귀한 처세가
귀한 운명을
만든다

인생이란 사람에게 사람다운 짓을 함으로써 점점 더 많은 친구를 얻어가는 과정이다. 남에게 베풀면 친구를 얻게 되고, 오랜 세월 동안 그렇게 하면 인간 세상에 좋은 역사를 남기게 된다. 그리고 그것은 반드시 복으로 이어지게 되는 법이다. 인간을 대할 때 이익만 얻으려고 해서는 안 된다. 다른 사람이 그렇게 살아간다 해도 우리는 그렇게 살면 안 된다. 이 세상은 공존의 논리를 바탕으로 한다. 누군가 가 일방적으로 자기 이익만 추구하면 공존의 논리를 해치기 때문에 세상이 그를 단죄할 수밖에 없다.

유언극행, 만행의 기본

사실 인간이 태어나서 제일 먼저 갖추어야 할 것은 생존기술이다. 부모의 보살핌으로부터 독립한 후에는 스스로 생계를 책임지고 생활비를 벌어야 한다. 인간뿐 아니라 자연계에 존재하는 모든 생명체의 절대조건이 자급자족이다. 우리가 지금 생명체로서 최소한의 조건을 갖추었다고 치자. 앞으로 발전하거나 퇴보하는 일은 각자에게 달려 있다. 운명은 여기에서부터 달라진다.

이제 우리는 세상에 막 나왔다. 운명을 만들어가는 데 가장 기본적인 것은 무엇일까? 내가 말하는 답이 상당히 뜻밖이라고 생각할 것이다. 운명에 있어 가장 중요한 것! 이 문제의 답은 이미 수천 년 전에 나와 있었다.

그것은 바로 믿을 수 있는 말, 신뢰할 수 있는 말을 하는 것이다! 앞에서 나는 사람을 만나야 운명이 바뀐다고 여러 번 강조했다. 사람을 만난 다음에는 무엇을 하는가? 말을 한다! 사람과 사람의 만남이란 만나서 서로 대화를 나누는 것이 전부다. 여기에 운명의 원리가 숨어 있다. 짐승들은 서로 만나서 말을 하지 않는다. 사람들만이 서로 만나서 말을 하고, 말을 통해서 뜻을 교환한다.

어떤 사람이 있다고 하자. 이 사람은 약속을 절대 지키지 않는다. 만나기로 했든, 돈을 갚기로 했든, 물건을 보내기로 했든, 누구를 소개시켜주기로 했든, 어디에 함께 가기로 했든, 몇 시에 만나기로 했든, 약속을 전혀 지키지 않는 것이다.

이 사람은 약속 자체를 잊어버리거나 알고 있어도 대수롭지 않게 여겼다. '그까짓 것, 안 지키면 어때?'라고 쉽게 생각해버린다. 사회에서는 이런 사람을 두고 신용이 없다고 말하는데, 살다보면 주위에서 이런 사람을 적지 않게 찾아볼 수 있다.

약속은 사소한 것이든 중대한 것이든 반드시 지켜야 한다. 이것은 인간의 본분이다. 예로부터 신信이란 토土의 덕으로서 만행의 기본이었다. 이것을 지키지 않으면 다른 부분의 인격이 아무리 훌륭하다 하더라도 그 사람은 별 볼 일 없는 사람이 된다.

인간은 말로 교류한다. 그런데 바로 이 말이라는 것이 내뱉은 대로 지켜지지 않는다면 그 사람은 존재의미를 상실할 수밖에 없다. 요즘 사람들은 흔히 약속을 해놓고 그날이 오면 어렵지 않게 변명한다.

"그런데 말이야…, 오늘 내가 갑자기 일이 생겨서…, 미안하다…."

만물이 땅에서 나오듯이 인간의 모든 뜻은 신용을 바탕으로 태어난다. 그래서 옛 성인이 '믿을 신信'이라는 글자를 만들 때 '사람 인人'과 '말씀 언言'을 합친 것이다. 어떤 사람이 말한 것을 잘 지키는 사람이라면, 그 사람은 믿을 만한 사람이고, 반드시 좋은 평가를 받을 것이다. 당연히 운명도 서서히 좋은 쪽으로 나아간다.

말한 것을 잘 지키는 사람의 예를 들어보자. 일본에서 일어난 일이다. 야쿠자가 운영하는 어느 도박장에서 사건이 발생했다. 한 도박꾼이 속임수를 쓴 것이었는데, 이것을 적발한 조폭들은 사기꾼을 붙잡기 위해 즉시 포위했다. 밖으로 통하는 문도 잠갔고, 사기꾼은 곧 잡히게 생겼다. 여기서 잡히면 팔목이 잘리는 정도는 약한 벌이고, 목숨마저 위태로운 지경이었다.

그 순간 사기꾼은 내실 문을 열고 뛰어들었다. 잠시라도 시간을 벌기 위한 행동이었지만 조폭들은 웃고 있었다. '넌 독 안에 든 쥐다!' 그 안으로 들어가봐야 탈출은 불가능한 일이었다. 조폭들이 내실 문을 박차고 들어섰는데 의외의 일이 발생했다. 그곳에 인질이 있었던 것이다. 사기꾼은 안에서 일하고 있던 여직원을 끌어안고 목에 칼을 들이댔다.

"꼼짝 마! 달려들면 이 여자를 죽이겠다!"

사기꾼은 독한 눈을 부라리면서 각오를 다졌다. 여기서 잡히면 여자를 정말로 죽일 생각이었던 것이다. 조폭들은 아주 난감했다. 그 여자는 두목의 애인이었기 때문이다. 물론 사기꾼은 그 사실을 몰랐지만, 좌우간 여자라면 충분히 인질이 될 것이라고 판단했다.

조폭들은 뒤로 물러나 포위한 상태에서 두목에게 연락했다. 두목이 즉시 달려왔다. 도박장에서 사기사건은 종종 있었던 일이지만, 애인이 인질로 잡힌 것은 처음이고 끔찍한 일이었다. 두목은 애인이 위험에 처한 상황에서도 겉으로는 침착했다. 공포를 감추며 잠시 생각한 그는 협상조건을 말했다.

"이보게, 자네가 그 여자를 놔주면 오늘 일은 없던 것으로 하고 자네를 무사히 내보내주겠네! 어떤가?"

사기꾼은 몇 초간 생각한 후에 여자를 풀어주었다. 그리고 문을 향해 유유히 걸어 나갔다. 사건은 이것으로 종료되었다.

여기서 중요한 점은 두목의 인품이다. 인질이 풀려난 순간에 얼마든지 사기꾼을 잡을 수 있었으나 두목은 약속을 지켰다. 사기꾼도 두목의 성품을 잘 아는지라 여자를 풀어주고 유유히 도박장을 빠져나갔던 것이다. 이 모두 아름다움 광경이었다. 두목은 평소 말에 신의가 있었기 때문에 많은 부하들이 믿고 따랐다.

사람이 약속을 잘 지키는 것을 유언극행有言極行이라고 하는바, 만행의 기본이라는 것은 두말할 나위가 없다. 이런 사람은 우리나라에도 있다. 한 가지 사례를 더 들어보겠다.

나는 친지 몇 명과 함께 동해 바다 대포항에 놀러간 적이 있었다. 길가에는 횟집이 늘어서 있고 호객행위를 하는 여인들로 붐볐다. 행인들은 호객행위가 귀찮아서 "이따가 올게요." 하며 지나쳐 간다. 나의 친지도 막아서는 여인들을 피하며 무심코 한마디를 내뱉었다.

"이따가 올게요…."

이 말은 약속이 아니었다. 그저 지나가면서 호객행위를 피하기 위해 던진 한마디일 뿐이었다. 실제로 "이따가 올게요."라는 말을 믿고 기다리는 사람도 있을 리가 없지 않은가? 그러나 나의 친지는 자기가 한 말에 심하게 부담을 느꼈다. 이미 약속을 했으니 지켜야 한다는 것이었다.

결국 우리 일행은 모두 경치 좋은 곳에 앉지도 못하고 처음 약속한 식당으로 가게 되었다. 그곳은 종업원도 불친절하고 생선도 그다지 싱싱하지 않았다. 모처럼 찾아간 대포항에서의 일정은 시작부터 맥이 빠지고 말았다.

나의 친지는 분명 어리석었다. 그러나 약속을 지키겠다는 그의 정신은 투철했다. 그 이후 그 친구는 말을 더욱 조심스럽게 했고 약속을 철저히 지켰다. 그래서 그 사람 주변의 많은 지인들이 그를 존경했다. 한번 내뱉은 말은 추호도 그냥 넘어가는 법이 없다는 이유 때문에 말이다. 그는 약속의 화신이었다. 그래서 그의 말이라면 누구나 믿었다. 그를 싫어하는 사람조차도….

또 다른 사람 이야기를 해보자. A는 사회적으로 지체가 높은 사람이다. 학식도 높고 예의 바르며 총명한 사람인데, 한 가지 흠이 있다. 자기가 한 말을 지키지 않는다는 점이다. 10번이면 10번, 100번이면 100번 절대 안 지켰다. 세월이 가면서 주변 사람들은 그 누구도 A를 믿지 않게 되었다. A가 무슨 말을 하면 한결같이 '또 빈말이겠지.' 하고 생각해버렸다.

결국 그의 인생 전체가 빈말로 가득 찼다. 그런데도 이 사람은 훗날 부귀영화를 누리겠다고 열심히 살아간다. 과연 가능할까? 모든 사람이 믿지 않는 A의 인간관계는 계속 무너져 내리는 중이다. 처음 만난 사람들은 그를 잠깐 믿어보기도 하지만, 조금만 같이 지내보면 마음속으로 다 돌아섰다. 이들은 마음속으로 이렇게 말했다.

'실컷 지껄여라. 네놈 말은 절대 안 믿을 테니⋯. 나쁜 놈! 거짓말하는 사기꾼, 헛소리 나오는 입 구멍을 꿰매야 할 놈⋯.'

그런 A가 출세를 할 수 있을까? 천만에! 믿을 수 있는 사람이 먼저 되고 나서야 미래를 기약할 수 있는 법이다. 주위 사람들이 당신을 믿지 않는다면, 당신에게는 미래가 없다.

사람이 그를 믿지 않는다면, 하늘도 그를 믿지 않고 버릴 것이다. 운의 발전은 신용을 확고하게 다진 후에 이루어진다는 것을 절대 잊지 말아야 한다.

풍수환

약속을 지키지 못하는 행위는 주역에서 풍
수환風水渙의 괘상이다. 이는 모든 것이 흩어진
다는 뜻이니 명예, 재산은 물론 종래에는 인간
관계도 유지하기 힘들게 될 것이다.

귀한 운명을 만드는 귀한 행동

앞에서 강조했듯이, 말은 태어나서 제일 먼저 배우는 것이고, 말이란 그 속에 뜻이 있어야 진정한 말이다. 나중에 지키지도 않을 헛소리를 자주 하다 보면, 하늘 아래 그를 믿어주는 사람은 점점 줄어들고 결국 완전히 고립된다. 그런 사람의 말은, 한마디로 말이 아닌 것이다. 그는 무책임한 사람이 되어 얼굴에도 그런 모습이 나타난다. 이른바 천한 관상이 되는 것이다. 얼굴이 천해질 정도라면 운명도 천해지는 것이 당연한 이치다. 이런 사람에 대해서는 더 이상 논할 가치도 없다.

이제 빈말하는 사람 말고 제대로 된 사람에 대해 얘기해보자. 이런 말이 있다. '인물가난이 서럽다.' 이는 얼굴이 지나치게 못생긴 사람을 두고 한탄하는 말이다. 두 번째 한탄도 있다. '글가난이 서럽다.' 이는 정신이 못생긴 사람을 일컬어서 하는 말이다. 인간은 책을 많이 읽으면 정신이 바르게 된다는 뜻을 강조한 것이기도 하다.

여기서 '글가난'이라는 표현은 딱히 지식이 적음을 뜻하는 것은 아니다. 배우지 못한 사람처럼 행동할 때 그렇게 말한다. 요즘 말로 가방끈이 짧아 보이는 사람, 행동이 천박한 사람인데, 간단히 말해 '교양 없는 사람'으로 이해하면 된다.

교양! 이것이 이 장의 주제다. 교양이라는 말이 고리타분한가? 말하는 법에 이어서 행동하는 법을 논하자는 것이다. 사람이 남 앞에 나서면 말을 하고 행동도 드러나 보이게 되는데, 사람들은 상대방의 말과 행동을 보고 그를 판단한다. 운명을 만드는 것이 말과 행동이므로, 운명을 바꾸는 것도 그 시작은 말과 행동이다. 사람의 됨됨이는 여기에서 다 까발려지기 때문이다.

생각해보자. 어떤 사람이 예의가 없고 말이 무식하며 행동이 천박하다면, 그 사람과 상대하고 싶은가? 우리는 그런 사람에 대해서 '교양 없는 놈'이라고 낙인찍어놓고 가급적 피한다. 누구나 귀인과 만나고 싶고 가까이 있고 싶은 법이다. 그런데 귀인의 첫 번째 조건이 교양이다.

유럽 사람들은 '신사답게 행동한다'는 말을 자주 한다. '신사답다'는 것은 '교양 있다'라는 말과 같은 뜻이다. 귀티가 난다, 기품이 있다, 젊잖다 등도 같은 맥락이다. 공자는 이렇게 말했다.

"실질이 문화보다 앞서면 천하고

문화가 실질보다 앞서면 약하다.

그러므로 군자는 실질과 문화를 모두 겸비해야 한다."

質勝文則野

文勝質則史

文質彬彬 然後君子

여기서 실질이란 생존을 위한 구체적인 수단이다. 이는 혼자 알아서
하면 되는 것이다. 하지만 문화란 남들 앞에서 이루어지는바, 반드시 품
위를 갖추어야 한다. 즉 인간은 교양을 갖추어야 한다.

그렇다면 대체 어떤 행동이 교양 있는 행동일까? 교양의 조건은 무
수히 많은 항목이 있으므로, 항상 염두에 두고 하나씩 익혀 나가면 된다.
예의 바르게 인사하기, 쩝쩝거리며 먹지 않기, 남에게 양보하기, 화내지
않기, 온화하고 고상한 말투로 말하기, 차림새를 단정히 하기, 침착하게
행동하기, 밝은 표정 짓기, 큰 목소리로 성내지 않기, 남에게 혐오감을
주는 행동을 하지 않기, 격식 있는 자리에서 정장 차려입기, 겸손하게 말
하기, 주위 사람을 배려하기 등이 모두 교양 있는 행동이다.

대부분의 사람들은 하루하루 사는 데 급급하고, 실질을 갖추는 데만
열을 올린다. 그래서 교양을 대수롭지 않게 여긴다. 심지어는 교양이란
개념 자체를 고리타분하다며 비웃는다. 이는 천한 발상으로서 사회를 어
둡게 만든다. 인간이 얼굴이 가난하고 지식이 가난해도 품성까지 가난

해서는 안 된다. 지위가 낮고 부유하지 못하다고 해서 행동마저 천박하다면 이는 너무나 슬픈 일이 아닌가?

행동이 귀하면 반드시 귀한 사람이 된다. 그것이 하늘의 이치다. 예로부터 훌륭한 가문의 사람들은 애써 교양을 익혀왔다. 교양 없는 사람은 자기 자신을 해치고 남도 해치는 결과를 초래하기 때문이다. 남들이 환영하는 사람이 되어야 좋은 운명도 열리는 법이다. 교양 없는 사람은 거칠고 천하다. 그래서 우리는 그런 사람을 피하고 싶은 것이다. 우리 자신이 그런 사람이 되어서는 절대 안 될 일이다!

수택절

말은 신중하게, 행동은 품위 있게, 이 두 가지만 기억해도 운명개선의 큰 틀은 갖추어진 것이다. 물론 이 두 가지는 의식적으로 익히고 노력하며 실천해야 한다. 되는 대로 편하게 자신의 이익만 추구한다면, 어느새 모든 사람이 떠나가게 되고 인생에서 뒤쳐질 수밖에 없다. 열심히 산다는 것은 약삭빠르게 실질만 갖추는 것이 아니다. 반드시 교양을 갖추어야 하는바, 이것을 빼놓고는 처세를 논할 수 없다. 교양이란 단정함을 지키는 것인데, 이는 수택절水澤節로 표상된다. 이 괘상은 혼돈스러운 몸을 잘 가꾼다는 뜻이다.

다 보고 다 듣는 기술

운명은 타고난 것이 절반이고 후천적인 말과 행동으로 만들어가는 것이 절반이다. 타고나는 것은 어쩔 수 없다고 쳐도, 후천적인 운명경쟁에서 앞서는 사람들만이 가진 특별한 기술이 있다. 과연 무엇일까? 그것을 한마디로 표현하면 '다 보고 다 듣는 기술'이다!

다 보고 다 듣는 것? 예를 들어 설명하자. 내가 앉은 좌석 주변에 10명의 사람이 있다. 회의라도 좋고, 회식자리라도 좋다. 이곳에서 시간을 보내는 동안에는 그들 모두를 잘 살펴야 한다. 사람이 사람 앞에 있으면서도 그를 살피지 않는 것은 큰 문제다. 인격적으로도 나쁘지만 운명의 측면에서는 최악이다. 반면 사람을 잘 보고, 그의 말을 잘 듣는 것은, 운명적으로도 이익이 되는 행동이다.

좋은 사람을 만나야 좋은 운명의 문이 열린다. 그러니 사람을 만나 그 앞에서 하는 나의 행위가 매우 중요하다. 이런 자리에서 남을 살피지 않으면 이는 귀를 막고 눈을 감는 것에 다름 아니다. 인간을 만나면 그의 말을 듣고 그의 행동을 먼저 봐야 하는 것이다. 처음에는 그저 세심한 주의를 기울이는 것으로 시작해도 되겠지만 나중에는 모든 사람의 말과 행동에서 그 내면의 뜻까지도 파악할 수 있어야 한다.

매사에 사람을 살피는 습관! 이는 인간이 있는 모든 곳에서 필요하다. 눈치 없이 두리번거리라는 뜻이 아니다. 사람을 살피는 일은 유난스럽게 표를 내지 않고도 얼마든지 가능하다. 축구선수는 경기장 안에 있는 모든 사람을 살핀다. 교단에 오른 선생은 교실의 모든 학생을 본다. 많이 보고 많이 들을 수 있으면, 그것이 바로 그 사람의 실력이다.

어떤 사람은 단둘이 만났을 때도 바로 앞사람 말을 듣지 않고 표정도 살피지 않는다. 앞에 앉은 사람은 도대체 무엇이란 말인가! 옛 선사가 말했다.

"사람을 앞에 두고 보지 않으면, 만나도 만난 것이 아니다."

見如不見 來如不來

여기서 본다는 것은 형상과 그 속마음까지를 함께 본다는 뜻이다.

인간은 모름지기 다른 사람의 마음속에 무슨 일이 일어나고 있는지 파악하며 지내야 한다. 앞사람이 화가 났는지, 나를 비웃고 있는지, 지루해하는지, 슬쩍 빠져 나갔는지, 누군가가 혼자 외톨이가 되어 있는지,

음식을 혼자 다 먹어치우는지 등을 알고 있어야 하는 것이다.

총명聰明이란 단어가 있다. 이는 지혜롭다는 뜻으로 사용되는데, 실은 그런 뜻이 아니다. 엄연히 다르다. 총명이란 문자 그대로 '귀 밝고 눈 밝은 것'을 뜻한다. 즉 '잘 듣고 잘 본다'는 뜻이다. 지혜는 보고 들은 것의 뜻을 파악하는 능력을 말한다. 물론 지혜도 중요하다. 하지만 잘 보고 잘 듣는 능력이 우선 갖춰지지 않으면 안 된다. 총명함이 없으면 지혜가 아무리 뛰어나도 소용없다.

'사리분별을 하지 못하는 사람', '상황파악이 안 되는 사람'이란 말이 있는데, 이 사람은 살피는 능력이 결여된 사람이다. 자신도 사람인데, 어떻게 앞에 있는 사람이 행동하는 것을 보고 그 뜻을 모르겠는가! 살피지 않아서 상황을 파악하지 못한 것뿐이다.

주변의 모든 것을 잘 파악하고 거기에 적절히 대응할 능력까지 갖추면 운명경쟁에서도 크게 앞설 수 있다. 그러나 당장 달인의 경지를 요구하는 것은 아니다. 장차 그렇게 될 수 있도록 잘 살피는 능력을 갖추는 데 노력하라는 것이다.

관찰은 인생사의 모든 면에서 최우선으로 꼽아야 할 절대 기술이다. 과학자는 자연을 잘 살피는 능력이 있어야 위대한 발견을 해내고, 자신이 몸담은 학문 분야에서 일가를 이룰 수 있다. 정치인은 사회를 잘 살펴야 위대한 일을 할 수 있는 것이다. 공자는 이렇게 말했다.

"소인은 함께 있어도 화합하지 않는다."

小人 同而不和

즉, 소인배는 남과 있을 때 다른 곳을 보고 있거나 딴 생각을 하고 있다. 그렇지 않으면 고개를 숙이고 있거나 혼자 쩝쩝대며 먹고 있다. 이곳저곳을 두리번거리며 부산스럽게 행동하기도 한다. 또 어떤 사람은 스마트폰을 열심히 들여다보고 있다.

공자는 이를 개탄했다. 화합이란 그곳에서 사람들과 서로 잘 어울리는 것이고, 이것을 하려면 주변에서 일어나고 있는 모든 일을 세심하게 파악해야 한다. 다른 사람을 보지 않고 자신에게만 몰두해 있으려면 아예 집 밖으로 나다니지 말아야 한다.

인생은 나 혼자만 무대 위에서 춤추는 것이 아니다. 자신의 행동을 삼가면서 일일이 주위 사람을 살피고, 그들의 이야기를 들어야 하는 것이다. 처음에는 한 명이라도 제대로 보고 듣는 능력을 키운 다음, 차츰 수를 늘리도록 노력해야 한다. 막상 해보면 말처럼 쉬운 일은 아니다.

만일 어떤 사람이 많은 사람을 살필 수 있고, 각각의 속뜻을 파악해 적절히 행동할 수 있다면 그 사람은 남들로부터 추대를 받을 것이다. 인간은 남들로부터 선택되어야만 성공할 수 있는 법이다. 저 혼자 끙끙대며 딴 생각을 하는 사람을 누가 사귀려 하겠는가! 보지 못하고 듣지 못하는 사람은 가는 곳마다 불쾌감을 심어주며, 마침내 파멸이 멀지 않으리. 잘 보고 잘 듣는 사람은 반드시 친구가 있다. 그것도 엄청나게 많이….

우울하고 시큰둥한 사람이 최악

'꿔다놓은 보릿자루'라는 말이 있다. 이는 몹시 풀이 죽어 있는 모습을 표현한 것이다. 쉬운 말로 우울증인데, 이것이 심하면 정신과 병원에 가서 치료를 받아야 한다. 특히 요즘은 우리나라도 '우울감'을 이유로 병원을 찾는 사람들의 수가 급증하고 있다. 하지만 같은 우울증이라도 어디까지가 질병이고 어디까지가 성격인지는, 전문가가 아니면 구분하기가 어렵다.

어쨌거나 우울증은 운명에 나쁜 영향을 주는 것임에 틀림없다. 매사에 재미없어하는 사람은 남까지 재미없게 만들기 때문에 사회를 해롭게 만드는 자라고 볼 수 있다. 우울은 자유라고? 과연 그럴까? 예를 들어보자.

나는 얼마 전 고급음식점에 간 적이 있었다. 음식 맛도 좋고, 실내도 잘 꾸며 놓아서 상당히 즐거웠다. 다만 한 가지 문제가 있었다. 음식을 나르는 웨이터가 안색이 좀 어두운 것이었다. 그런데 시간이 갈수록 점점 더 어두워지고 있었다. 급기야 음식을 거칠게 내려놓고, 나중에는 눈물까지 흘리는 것이 아닌가! 이미 오래 참고 있었던 나는 그를 불렀다.

"자네 왜 그렇게 얼굴이 어두운가?"

"슬픈 일이 있어서요."

"그게 뭔데?"

나는 애써 참으며 대화를 유지했지만 웨이터는 급기야 눈물까지 글썽이며 다소 거칠게 말을 내뱉었다.

"어제 애인과 헤어졌어요!"

기가 찰 노릇이었다. 사내 녀석이 애인과 헤어졌다고 울다니…. 더구나 이곳은 직장이 아닌가! 나는 완전히 할 말을 잃었다. 그러자 일행 중 한 명이 탁자를 치며 일어났다.

"야, 너 말이야! 그런 일 있으면 일을 쉬든지 해야지, 손님 앞에서 울고 있으면 어떡해?"

그 말에 웨이터는 즉시 반발했다.

"직장을 쉴 수는 없잖아요? 먹고사는 일인데…."

"뭐라고? 그럼 우린 어떻게 하고…?"

"손님이 이해를 해야지요. 애인과 헤어졌는데 기분이 좋겠어요?"

나는 일어나서 조용히 말했다.

"나가자, 나가…."

일행은 화가 나서 그릇이라도 집어던질 기세였지만 나는 그들을 말리고 억지로 끌고 나왔다. 물론 먹지 않은 음식 값을 고스란히 치루고….

이 이야기는 조금 극단적인 면이 없지 않지만, 실제로 내가 경험한 일이다. 인간은 자신이 괴롭다고 남 앞에서까지 우울함을 보여서는 안되는 법이다. 나는 이 사실을 6세부터 깨닫고 있었다. 세상은 왜 이리 우울한가! 다른 예를 살펴보자.

A와 바닷가에 간 적이 있었는데, 저 멀리 좋은 경치가 보여 나는 그곳으로 가자고 했다. 이때 A가 말렸다.

"가면 뭐해? 거기도 그냥 바다지, 뭐. 밥이나 먹으러 가자고…."

또한 친구 B도 있었는데, 그는 처음부터 우울해하면서 대화에 끼어들지도 않았다. 결국 우리는 식당에 갔는데, 그곳에서도 A는 김새는 소리를 하고 있었다.

"음식이라고, 뭐 별 것도 없네…. 그냥 아무거나 먹자고!"

B는 아예 고개를 숙이고 있었다. 될 대로 되라는 식으로…. 이때부터 나는 그 여행에 흥이 나지 않았다. 세상을 일부러 재미없게 보려는 자와 공연히 우울한 자라니…! A와 B는 항상 그랬다. 나는 그날 이후로 그들을 만나지 않았다. 그런 시큰둥한 자세로 살아간다면 아마도 그들

은 점점 더 외로워질 것이다. 그런 사람들 옆에는 남아날 친구가 없기 때문이다.

사람은 열정을 가지고 살아야 한다. 세상이 재미있어야 한다. 세상이 재미없는 사람에게 재미있어야 한다고 말하는 게 이상할 수도 있다. 하지만 재미가 없다면, 남들 앞에서라도 세상을 재미있게 보는 듯한 태도를 유지해야 한다. 그런 사람을 만나면 사람들은 왠지 기분이 좋아진다. 그리고 그 사람이 좋아진다. 좋은 기분을 유지하고 남에게까지 그것을 전파할 수 있다면 그는 한 송이 아름다운 꽃과 같다. 조금 전에 나는 6세 때부터 세상이 왜 이렇게 우울한가에 대해 고민했다고 말했는데, 그래서 사람이 모이면 그들을 편안하게 해주려고 일부러 매사에 흥미를 불러일으켰다. 내 자랑을 하려고 이 말을 하는 것은 아니다.

옛 성인이 말했다.

"세상에 재미있는 것만 재미로 삼으면 나중엔 세상이 다 재미없어진다. 재미없는 것도 재미있게 바라봐야 한다."

세상은 재미있게 바라봐야 재미있는 법이다. '그게 뭐야? 별거 아니잖아!', '하면 뭐해? 그게 그거야.', '귀찮아. 집에 가서 잠이나 자자.', '아, 나 오늘 피곤해!', '음식 맛이 왜 이러지?', '쟤는 뭐야? 짜증 나!', '그냥 가자. 거긴 뭐하러 가?' 등등, 멋진 장면을 보고 박수도 안 치고, 남들이 말할 때 딴 데 쳐다보고…. 이런 사람들은 자기는 물론 남까지 재미없게 만든다. 사회를 해롭게 만드는 자들인 것이다. 때문에 세상은 그를 더욱 재미없게 만들 것이다. 두고 보라!

세상을 밝게 만드는 사람에게 좋은 운명의 기회가 열린다. 고개를 들고 열정을 일으켜라. 파이팅을 외치자. 내가 지금은 비록 괴로워도 남에게는 밝은 모습을 보이자. 불빛이 되어 남의 앞길을 비춰주고 그가 더 잘 갈 수 있게 거들어줘라. 박수를 치고 희망찬 모습을 보이면, 진정한 희망이 생기는 법이다.

자신이 잘났다고 생각하는 순간 운은 끝난다

나는 어려서 아주 많은 결함을 가지고 있었는데, 거의 정신병 수준이었다. 병의 증상은 주로 '잘난 척'에 관한 것인데, 당시 나는 세상에서 내가 가장 잘난 사람이라고 생각했다. 이 병의 원인에 대해 혹자는 태아 시절 영양결핍이라고도 하고, 그냥 유전적인 것이라고도 한다. 정확한 이유는 나도 잘 모르겠다. 어쨌거나 나의 잘난 척하는 '꼴값병'은 오랫동안 고쳐지지 않았다.

그런데 세상을 오래 살아보니 나와 같은 '꼴값병'을 가진 사람이 의외로 많다는 것을 알았다. 놀랍기도 했지만 한편으로는 나만 그런 것이 아니구나 싶어서 안심이 되기도 했다. 하지만 '무엇인가 잘못되었구나' 하는 느낌을 지울 수는 없었다.

사람은 왜 잘난 척을 하는 것일까? 필경 열등의식, 불안, 착각, 불우

한 환경 등이 원인일 것이다. 어떤 사람은 잘난 척하는 꼴값병이 현대 지구인의 보편적인 병이라고 말한다. 지구에서 태어나면 으레 잘난 척을 한다는 것이다. 과연 그럴까?

이에 대해 환경 탓이냐, 유전 탓이냐를 고민할 필요는 없다. 단지 그 병이 그 사람의 인생을 망친다는 것에만 주목하자. 꼴값은 분명 다른 사람들과 멀어지게 만드는 결과를 초래하고, 그렇게 혼자 남게 되면 반성을 통한 재기가 어렵다. 그러니 이 병은 실로 무서운 병이다. 실은 자신이 못난 사람이라서 더욱더 분발해야 함에도 불구하고 계속 제자리에 머물게 만들기 때문이다.

나의 경우 철이 좀 든 다음, 즉 마흔 살쯤 되어서 알게 되었다. 세상에 진짜로 잘난 사람이 너무 많아서 무서울 지경이었다.

'왜 이렇게 잘난 사람이 많은 거야?'

뒤늦게 깨달은 나는 아주 난감했다. 하지만 놀랄 일은 아니었다. 그 전까지 나만의 착각에 빠져서 오랫동안 세상을 한 번도 제대로 보지 못했기 때문이다.

좋은 운명을 끌어당기려면 먼저 세상을 똑바로 봐야 한다. 잘난 척은 눈을 가리고 귀를 막고 생각도 정지시키는 효과적인(?) 방법일 뿐이다. 사람은 일단 자기 자신이 잘났다고 생각하는 순간, 발전의 속도가 확 줄어들거나 아예 발전이 없어진다. 잘난 척은 혼자 있을 때도 하지 말아야 하고, 남들과 있을 때는 더더욱 하지 말아야 한다.

　세상 사람들이 가장 싫어하는 사람은 누구일까? 도적놈? 아니다. 잘난 척하는 놈을 가장 미워한다. 이는 남을 무시하고 저만 높아지려고 하기 때문이다. 남에게 정당한 대우를 받기를 원한다면 남이 가진 잘난 점도 살펴봐야 한다. 그리고 또한 나의 잘난 점을 억지로 혹은 과장되게 드러내서는 안 된다.

지산겸

내가 얼마나 잘났나? 우리 모두 반성해야 할 것이다. 이제 잘난 척은 그만하고 진짜로 잘난 사람이 되어보자. 우리의 꼴값병은 겸손이라는 약으로 치료할 수 있다. 망동을 꽉 눌러놓자. 겸손이란 참으로 유익한 것이다. 이는 지산겸地山謙으로 표상되는바, 화산의 기운이 도사리고 있다는 뜻이다. 겸손을 갖추면 인생에 커다란 저력이 생기게 된다.

주인공의 삶을 원하는가?

사람은 누구나 목표가 있다. 하지만 마음먹은 대로 되지 않는 것이 세상이어서 날이 갈수록 많은 것을 포기하며 살아갈 수밖에 없다. 나중에는 적당히 타협하여 안정에 이르게 되는 것이다.

이것이 곧 출세다. 출세란 반드시 대단할 필요는 없다. 그저 평화를 유지할 정도만 되면 만족해야 한다. 출세란 원래 그런 것이다. 대학을 졸업하고 괜찮은 직장을 잡으면 첫 번째 단계의 출세는 이룬 것이라고 봐야 한다. 이후 팀장이 되고 부장이 되면서 별 탈 없이 계속 향상을 이룬다면 그것이 바로 출세가도를 달리는 것이다.

연예인의 경우는 조금 다르다. 단번에 대단히 유명해져야 출세했다고 볼 수 있다. 운동선수는 금메달을 따거나 몸값이 올라야 출세다. 장사를 하는 사람의 경우는 한동안 날개 돋친 듯 물건이 팔려야 출세다. 이렇듯 출세의 종류는 무수히 많다. 어떤 출세가 가장 좋은 것인지는 단정해서 말할 수 없고, 그것은 각자가 선택할 몫이다. 잘 생각하고 세상에 뛰어들어야 할 것이다.

그렇다면 여기서 질문을 하나 던져보겠다. 세상은 누구를 위해 존재하는 것인가? 누가 세상의 주인공인가? 성인의 스승인 강태공은 이렇게 말했다.

"세상은 한 사람의 세상이 아니고, 모든 사람의 세상이다."

天下者 非一人之天下 乃天下之天下也

《육도삼략》에 나오는 글이다. 강태공은 중국 황제에게 이 말을 했다. 황제조차도 세상의 주인공이라고 말할 수 없다는 것이다. 이 말을 듣고 문왕文王은 그대로 수긍했다. 문왕으로 말하자면 공자가 존경했던 성인이었는데, 성인들의 세계관은 이토록 폭이 넓었던 것이다.

여기서 우리는 귀중한 인생교훈을 얻을 수 있다. 세상을 보자. 많은 사람이 모인 곳에 가보면 거기에 반드시 돌출된 행동을 하는 사람이 있다. 주로 사장이나 부장, 지체 높은 공무원, 연예계 스타, 국회의원, 부자, 조폭 두목, 목사, 교수 등 자기를 주인공으로 여기는 사람들이 돌발행동을 한다. 다른 사람들은 그 꼴을 보면서 겉으로는 그저 참고 있을 뿐이다. 속으로 욕이나 안 하면 다행이다. 그러니 그런 자를 존경한다고 볼 수는 없다.

사람은 어느 곳에 가서든 평범함을 지켜야 한다. 이것이 바로 운의 입구다. 친구를 만드는 데 주안점을 두어야지 사람을 지배하려고 들어서는 안 된다. 항상 뽐내는 사람은 점점 외로워지는 법이고, 반대로 자신보다 남을 높이고 앞세우는 사람은 세월이 지나도 잊혀지지 않는 법이다. 세상은 이렇게 돌아간다.

사람은 공존의 논리를 알아야만 환영받는다. 노래방에 가서 마이크를 독차지하려는 사람은 인기가 점점 떨어진다. 자기만 주인공이 되려고 하는 사람은 뻔뻔한 사람이다. 남들이 그를 좋아할 리 없다. 누군들 돋보이고 싶지 않겠는가! 운의 문을 제대로 열고 싶다면, 본능을 경계해야 한다. 뭘 모르는 사람이 항상 혼자 먹고 마시고 떠든다.

나는 1984년 경 미국에서 살았는데, 평생 잊지 못할 사건을 경험한 적이 있었다. 많은 사람이 모인 파티 자리였다. 한 여인이 일어나서 나를 향해 정색을 하며 말했다.

"이보세요, 나는 당신을 존경하지 않으니 꺼지세요!"

이 여자는 나를 파티에 초청한 장본인인데, 내가 몹시 거슬렸던 모양이다. 내가 큰 잘못을 저지르지는 않았다. 나는 그저 주인공 행세를 했을 뿐이었다. 앞에서 말한 꼴값병, 즉 잘난 척을 하면서 말이다. 주인공 행세? 잘한 짓은 아니지만, 그래도 살인죄보다는 훨씬 작은 죄가 아닌가? 하지만 그 여인은 택시비까지 집어던지면서 나를 파티장에서 쫓아

냈다. "택시 타고 빨리 꺼져라. 그리고 이번 세기에는 나타나지 말라."고 하면서….

그 사건을 통해 나는 크게 깨달았다. 세상은 한 사람의 세상이 아니라는 것을…. 잘나지도 못한 내가 어째서 주인공이 되려 했던가! 나는 다른 사람을 추켜세우는 법을 모르고 살았던 것이다. 이는 나의 오래된 병이었다. 내가 잘났다고 생각하는 것! 아니, 잘났건 못났건 내가 세상의 주인공이라고 착각했던 것! 아니, 내가 주인공이 되어야만 한다는 오만한 생각…. 이것은 가장 뿌리 깊은 나의 모습이었던 것이다.

30여 년 전의 일이지만 당시를 생각하면 지금도 소름이 끼친다. 하지만 그 여인에게 불만은 없다. 오히려 나를 깨우쳐준 은인이라고 생각한다. 세상 사람들은 누구나 주인공이 되고 싶어 한다. 그러나 알아야 한다. 주인공이 되고 싶어 하는 사람은, 세상을 몰라도 한참 모르는 사람이라는 것을….

세상에 진정한 주인공은 없다. 세상 사람은 누구나 조연이다. 그러므로 애써 조연이 되어야 한다. 세상은 조연에 의해 만들어진다. 옛말에 "성인은 천지화육을 돕는다."는 말이 있다. 위대한 성인조차도 세상의 조연인 것이다. 위대한 조연! 이런 사람만이 도를 깨달은 사람이라고 부를 수 있을 것이다.

목소리가 운명이다

　말은 인간의 진화과정에서 마지막으로 이루어낸 위대한 결실이다. 이를 통해 인간은 의사를 교환하고 긴밀하게 소통함으로써 협동이라는 거대한 목표에 도달하게 되는 것이다. 협동은 고등생명체의 필수조건인 바, 이것이 아니면 문명을 이룩할 수도 없었고, 만물의 영장으로 발돋움할 수도 없었을 것이다.

　말은 인간을 이어주는 보이지 않는 끈이라고 할 수 있다. 인간은 만나면 말부터 시작하고 그 뒤로 의미 있는 행동이 오가면서 관계가 완성되어간다. 말은 서로를 알게 해준다. 사람의 됨됨이는 모두 그의 말 속에 나타난다. 때문에 말을 사용하는 기술을 연마하는 것이 중요하다.

　말에는 3가지 작용이 있다. 첫째, 말에 들어 있는 뜻이다. 이것을 보면 그 사람의 생각이나 교양의 수준을 알 수 있다. 둘째는 억양이다. 이것으로 그 사람의 기분과 의지, 정서 등을 알 수 있다. 천박한 사람은 억양에서부터 속된 성격이 드러난다. 셋째, 말에는 음색音色이란 것이 있다. 이것은 그 사람의 매력과 감정 등을 나타낸다.

이 장에서 다룰 것은 바로 이 세 번째 매력 있는 음색이다. 이것을 '음성의 맛'이라고도 하는데, 쉬운 말로 그냥 '목소리'라고 해두자. 목소리에는 개성이 들어 있는데, 그것은 특히 매력을 발생시킨다. 사람에게는 눈에 보이는 매력이 있는가 하면, 귀로 들리는 매력도 분명히 존재한다. 어느 쪽이 더 강력한 매력요소인지는 사람마다 기준이 다를 테니 단언할 수 없다. 어쨌거나 보이는 것과 들리는 것은 인간의 기분에 영향을 미치는 절대적인 요소임에 틀림없다. 보이는 것은 외모이고, 들리는 것은 음성이다. 이 두 가지 중에 음성은 수련을 통해 아름답게 가꿀 수 있으니 특히 관심을 기울일 필요가 있다.

운을 개선하기 위해서는 매력이 있어야 하고, 매력은 목소리에서 상당 부분을 얻을 수 있으니 당연히 큰 노력을 들여야 할 것이다. 목소리의 매력! 이것은 평생을 수련해도 지나치지 않다. 목소리는 그 자체로 예술이 되고 문화도 되며 운명이 되기 때문이다.

매력이 없는 사람은 대개 목소리부터 이상하다. 깊이가 없거나 답답하다. 기어들어가는 소리이거나 탁하고 껄끄럽기도 하다. 목소리에 관해서만 책 한 권을 써도 모자라다. 어쨌든, 매력적인 목소리가 존재한다는 것은 우리에게 큰 희망이 된다. 이것을 알면 된다.

그렇다면 목소리는 어떻게 만들어지는가? 목소리는 폐에서 나온 공기가 성대聲帶를 울려서 나오는 것인데, 사실 성대하고는 상관이 없다. 성대가 망가진 사람도 아름다운 목소리를 낼 수 있기 때문이다. 오히려 성대가 약간 망가져야 더 매력적인 목소리가 나온다는 설도 있다.

동양의학에서는 목소리가 신장과 관련되어 있다고 알려져 있다. 그래서 신장이 건강하면 목소리도 건강하다고 한다. 도인들의 세계에서는 목소리가 영혼에서 나온다고도 하는데, 이는 심연을 울리는 깊이 있는 목소리가 존재한다는 것을 의미하는 정도로 이해하면 된다.

결론은 이렇다. 목소리는 마음의 상태를 나타낸다. 그러니까 마음으로 목소리를 수련할 수 있다는 뜻이다. 목소리를 쉽게, 아무렇게나, 건성으로 내지 말고, 깊은 마음과 합치시켜 아름답게 가다듬고 가장 좋게 내는 것이 방법이다. 할 수 있는 모든 노력을 다 해볼 필요가 있다.

단전호흡도 좋고 성악훈련도 좋다. 신장 혹은 영혼에서 목소리를 뽑아낸다는 마음으로 훈련하라. 인내와 고요를 통해 목소리를 가다듬어도 좋다. 필경 목소리를 아름답게 만드는 방법은 무수히 많다. 그 무엇이 되었든 사람은 목소리를 발전시키기 위해 노력해야 한다.

주역에서는 좋은 목소리를 풍택중부風澤中孚로 나타내는데, 이는 깊은 안정과 매끄러움을 뜻한다. 여기서 매끄러움은 바람이 물 위를 스쳐 지나가는 것이다.

목소리로 범인을 찾아내는 전문가가 있는데, 그는 목소리의 깊이를 측정한다고 한다. 대체로 말에 거짓이 가득하거나 사악한 사람은 목소리에 깊이가 없다. 반면 정직한 목소리는 깊은 곳에서 나온다.

나는 사기꾼을 많이 봐와서 그들의 목소리를 잘 판별할 수 있는데, 그들은 목소리에 매력이 없다. 매력은커녕 왠지 듣기가 싫다. 위로 뜨는 듯하고 성의가 없는 듯하다. 사랑도 없고 왠지 껄끄럽다. 아름다운 목소리, 즉 매력 있는 목소리는 사람을 안정시키고 영혼에 감흥을 준다. 심연의 목소리, 걸리적거리지 않고 맑은 음성, 감미로운 음악 같은 목소리, 이런 목소리는 사람에게 감명을 주고 매력을 느끼게 만든다.

비인격자는 목소리가 공연히 무겁다. 리듬 없이 나오는 목소리는 이기적인 느낌을 주고 그를 배척하게 만든다. 조화가 깃든 목소리는 그 사람을 잊지 못하게 만드는 힘이 있다. 왠지 시끄럽게 느껴지는 목소리는 영혼에 매력이 없어서 그렇다. 잘 들리지 않게 숨어들어가는 목소리는 배신자의 목소리다. 그러니 때로 목소리가 나쁜 사람은 차라리 입을 다물고 있는 것이 낫다.

좋은 목소리를 내려면 영혼에서부터 기운이 샘솟듯, 다급함이 없이, 맑고 경건하게 유지해야 한다. 함부로 말하는 목소리에는 매력이 없다. 정신이 흐릿한 사람도 목소리에 매력이 없는 것이다. 가을 하늘처럼 맑고, 심연처럼 깊고, 태산처럼 안정되어야 하며, 고도의 집중력이 있어야 한다. 이것이 매력 있는 목소리다. 천상의 음악처럼 매력 있는 목소리를 만들어낼 수 있다면 그는 좋은 사람을 얻을 수 있고 큰 인물이 될 수 있다.

나는 목소리가 좋은 사람이 성공한 사례를 무척 많이 봐왔다. 그중 한 사람인 J는 TV 방송국 앵커였는데, 목소리가 아주 좋았다. 그래서 나는 그의 방송을 자주 보았고, 그러던 중 우연한 기회에 그를 직접 만나게 되었다. 일부러 만난 것은 아니었지만, 그 사람의 목소리를 직접 듣고 깜짝 놀랐다. 남자다우면서도 심오한 목소리, 가히 천상의 목소리가 아닌가!

방송에서 듣던 목소리는 뉴스진행의 특성상 다소 딱딱하게 꾸며진 것이었지만 일상에서 내는 목소리는 천하에 아름답고 완벽한 목소리 그 자체였다. J는 인품도 좋고 잘생긴 사람이었지만 나는 특히 그의 목소리에 주목했다. 이때 나는 확신했다. 무한히 발전할 사람이라고…. 그는 후에 국회의원도 되었고, 청와대에도 들어갔고, 장관도 되었다. 인격도 계속 발전했음은 물론이다.

최근 나는 독자 H로부터 전화를 받았다. 한창 바쁜 시기였기 때문에 인사 정도만 나누고 전화를 끊을 생각이었다. 그런데 H의 목소리가 심상치 않았다. 뭔가 강력하고, 교양 있고, 인품이 있는 목소리였던 것이다. 나는 속으로 생각했다. 아, 이 사람은 보통 사람이 아니구나!

며칠 후 H를 만나게 되었다. 과연 목소리 그대로 강력한 운명의 힘을 가졌다는 것을 파악할 수 있었다. 인품은 겸손했고 강력한 힘을 품고 있었다. 나는 그에게 진실 어린 한마디를 해주었다.

"당신은 계속 발전할 것이고 많은 것을 성취할 것입니다."

뇌풍항

실제로 그는 그때까지도 크게 성공한 사람이었다. 하지만 그의 목소리는 그 상태에 머물 사람의 것이 결코 아니었다. 더욱 발전할 것이 틀림없다. 사람의 목소리에는 많은 종류가 있지만 특히 좋은 목소리는 뇌풍항雷風恒에 해당하는데, 이 괘상은 용이 승천하는 기상이다. 또한 위업을 달성한다는 뜻과 세상을 들어 올린다는 뜻도 있다. 좋은 목소리는 운명의 신이 그 목소리를 듣기 위해 잠에서도 깨어나는 법이다.

말이 나온 김에 한 사람만 더 얘기하겠다. C는 나의 가까운 친지로서 나는 그를 오랫동안 알고 지냈다. 이 사람은 운명이 심하게 꼬여 있어 매사가 망가지기 일쑤였다. 어떻게 하면 좋을까? 나는 목소리부터 고치라고 권했다. 그러나 C는 별로 대수롭지 않게 생각하고 내 조언을 지나쳐버렸다. 바로 그것이 원인이었는지는 모르겠지만, 그는 오랫동안 더욱 퇴보하게 되었다.

그러던 중 더 이상 퇴로가 없는 상태에 이르자 C는 반성하기 시작했다. 겸손을 배우고 운명을 고치려고 결심했던 것이다. 그는 우선 목소리 훈련을 선택했다. 그는 매일 1시간 이상 목소리 개선 훈련을 꾸준히 해나갔다.

출퇴근길에 운전하는 시간을 적극적으로 활용한 것이었다. 마침 그는 한적한 도로를 이용해 출퇴근하던 터라 그 시간이 안성맞춤이었다. 특별한 방법은 따로 없었다. 오로지 목소리를 고쳐보겠다는 일념뿐이었다. C는 소리도 지르고 노래도 부르고 악을 쓰기도 하면서 세월을 보냈다.

효과는 1년 후부터 현저히 나타났다. 그를 알고 있던 사람들이 모두 칭찬하기 시작했다.

"사람이 달라졌네! 착해졌는데. 철들었나봐!"

남들이 이렇게 볼 정도면 운명이 변화할 징조는 틀림없는 것이다. 그는 그 이후에 안정된 생활과 마음의 평화를 찾았다. 꼬여 있던 일들이 하나씩 풀려가고 있었으며, 밝은 미래가 다가오고 있음을 스스로도 깨닫기 시작했다. 운명의 도래는 워낙 명징해서 평범한 사람도 느낄 수 있는 법이다. C는 되찾은 안정 속에서 자그마한 행운을 계속 누리는 중이다. 운의 흐름을 좋은 쪽으로 바꾸었으니, 장차 거대한 행운을 맞이할 것이다.

돈보다 사람을 벌어라

대부분의 사람들은 인생의 목표가 행복이고, 그 행복의 터전이 가정이라고 생각한다. 나 역시 여기에 대해 이의를 제기할 생각은 없다. 수많은 사람들이 그런 생각으로 살아가니 그대로 믿으면 그만이다. 아닌 게 아니라, 대부분의 사람들은 가정을 이루면 그 순간에 행복을 성취했다고 생각하고 그다음부터는 그 가정을 지키기 위해 살아간다.

다만 문제는 그 가정을 더 풍요롭게 가꾸는 것인데, 이것이 바로 생존경쟁이다. 신화에 의하면 인류 최초의 조상은 생존경쟁 없이 무한히 행복했다고 한다. 그러나 후손들이 많아진 오늘날은 '경쟁' 없이는 살 수가 없다. 남보다 앞서야 하는 것이다.

여기 한 사람이 있다. 직장인이고 남자다. 여자라고 해도 상관없지만 남자부터 얘기하자. 이 남자는 아침 일찍 서둘러 직장으로 향한다. 그곳에서 한나절을 보내고 집으로 돌아온다. 회사에서는 일도 하고 인간관계도 쌓는다. 그리고 퇴근 후에 가정으로 돌아오는 것이다. 가정은 행복의 터전이다. 여기서 휴식을 취하고 다음 날을 대비한다.

이 상황을 생각해보자. 이 남자가 운을 발전시킬 수 있는 공간은 직장뿐이다. 그 외에는 없다. 그래도 괜찮을까? 일평생 시계추처럼 직장과 가정을 반복적으로 오가는 것으로 할 일을 모두 마친 것인가?

나의 이 불순한 질문에 화를 내는 아내들도 있을 것이다. 남자가 퇴근 후에는 당연히 재빨리 가정으로 돌아와야지, 더 할 일이 뭐가 있느냐는 것이다. 퇴근 후에 돌아다녀봐야 돈 쓰고 몸 피곤하고, 좋을 게 하나도 없다는 것이다. 물론 그렇게 생각할 수도 있다. 하지만 남편의 인생이 오로지 현재 다니는 회사에서 끝나도 괜찮은가? 갑자기 회사가 망하거나 해고를 당한다면? 인생의 비상사태를 대비해서 친구를 사귀어두어야 한다. 직장동료 이외의 다른 분야 사람들을 만나서 견문을 넓혀야 한다. 인맥을 쌓는 것이야말로 인생에서 돈을 버는 것보다 더 중요한 일이다.

간혹 이런 문제에 대해 남녀의 시각 차이가 존재한다. 여자는 현재에 충실하자는 쪽이 많다. 모험보다는 안정을 좋아한다. 나중 일은 그때 가서 생각하고 현재 혹은 현실에 충실하자는 것이다. 발전이란 때가 되면 저절로 되는 것이지 공연히 서두를 필요가 없다는 것, 그러니 남편이 일찍 들어와야 한다는 것이다. 그러나 남자는 미래가 항상 불안하다. 게다가 안정보다 모험을 더 좋아하고 발전을 중요하게 여긴다. 그래서 친구나 동료를 더 많이 만나고 싶어 한다. 남녀의 생각은 이토록 다르다. 그러니 어쩌면 좋을까? 운은 전기처럼 통하고 사람과 사람 사이를 흐른다. 좋은 운은 귀인을 만나는 데서 시작된다. 그렇다면 귀인을 언제 만날까? 나중에? 퇴직한 후에? 참으로 난감한 일이다. 절충이 필요하다.

나는 수십 년 동안 무수히 많은 사람을 지켜봐왔는데, 안정(일찍 귀가)만 추구한 사람은 대부분 제자리걸음이었다. 인생에서 실패하는 원인은 단 한 가지뿐이다. 긴긴 세월 동안 사람과의 교류를 게을리했다는 것. 현재 나쁜 운을 겪고 있는 사람은 그 점을 빨리 깨달아야 한다.

예전에 우리나라가 살기가 어려웠을 때, 고故 박정희 대통령은 전국에 고속도로를 많이 건설했다. 당시 사람들은 길이 많이 생기면 나라가 망한다는 말을 지껄여댔다. 그러나 고속도로로 인해 우리나라 경제는 급성장했다. 고속도로의 개념은 운명에 있어서 많은 사람과 인연을 맺어두는 것과 같다.

질문을 하나 하겠다. 가장 나쁜 남편은 어떤 남편일까? 돈을 적게 벌어오는 남편? 술을 많이 마시는 남편? 아니다. 바로 친구가 적은 남편이 가장 나쁜 남편이다. 친구가 너무 많은 남편 때문에 괴롭다는 아내들도 있지만, 돈을 적게 벌어오는 남편보다 친구가 적은 남편이 더 나쁜 놈이다.

뿐만 아니라, 요즘은 예전과 달라서 전업주부도 인맥이 중요하다. 인맥을 쌓으려면 돈도 들고 시간도 든다. 하지만 이를 아끼고 두려워하면 안 된다. 조금이라도 좋으니 인맥의 중요성을 깨닫고 미래를 위해 현실의 에너지(돈, 시간)를 써야 한다. 쌓아두는 것만이 능사가 아니다.

인생에는 약간의 모험이 필요하다. 모험이라고 해서 엄청나게 대단하거나 특별히 위험한 것을 말하는 게 아니다. 그저 숨통을 열어놓으라는 것뿐이다. 부부가 서로 마주앉아 오순도순 시간을 보내는 것도 물론 좋다. 하지만 인생에 할 일이 이것뿐이라면 발전도 없고 미래도 없다. 물론 영원히 소시민으로 살아가겠다면 열심히 돈을 아끼고 시간을 아끼며 살아도 좋다. 다만 그럴 경우 모아놓은 돈은 있을지언정 친구는 없다는 것을 알아야 한다.

천산돈

결국 사람이냐 돈이냐인데, 돈만으로는 위험하지 않을까? 아주 위험할 것이다. 사람이 사람을 외면하고 살면 재앙이 뒤따르는 법이다. 그게 운명의 원리다. 이는 천산돈天山遯이라고 하는바, 이 괘상은 주저앉아 일어서지 못한다는 뜻이다. 사람과의 소통이 없으면 종래에는 불행한 운명에 이르게 되어 있다.

그래서 절충이 필요하다는 것이다. 적당히 안정하고, 적당히 미래에 투자하라는 것…. 적어도 자기가 소유한 돈과 시간의 20% 정도는 미래를 위해 소비, 아니 투자해야 할 것이다. 이는 최소한이다. 약간 더 투자해도 나쁘지 않다. 여기서도 남녀의 차이가 있다. 여자는 음이기 때문에 현재를 지키는 것을 선호하고, 남자는 양이기 때문에 미래를 발전시키기를 원한다.

내가 아는 A는 긴긴 세월 동안 시간을 아끼고 돈을 아끼며 회사에만 충실했던 결과 현재 안정된 삶을 이룩했다. 자그마한 성과이지만 파탄은 없었다. 반면 B는 밖에서 시간과 돈을 너무 많이 소비한 탓에 한때 건강이 나빠지고 집도 팔게 되었지만, 현재는 모든 것을 회복하고 크게 발전했다. 튼튼한 인맥 덕분이었다. 또 다른 사람 C는 A처럼 '오로지 일찍 귀가' 노선을 택하다가 최근 포부를 크게 가지겠다는 쪽으로 결심했다. 즉 B의 노선을 가겠다는 것이다. 두고 볼 일이지만 C는 장래성이 있다.

A와 B는 음과 양의 노선이다. 어느 쪽이 반드시 옳거나 그르다고 단정할 수는 없다. 하지만 양의 노선은 위험과 발전을 함께 기대할 수 있으니 폭이 넓다고 할 수 있지 않을까! 안정이냐 발전이냐는 가풍에 달려 있다. 하지만 인생에서 행복의 종착역이 고작 가정이라면(갓 결혼한 시점의 가정) 너무 아쉽지 않겠는가! 가정은, 미래를 향한 도전의 시발점이 되어야 한다.

결론은 이렇다. 퇴근 후에 '할 일 다 했다'가 아니라, '이제부터 무엇을 할 것인가?'를 고민해야 한다. 부부가 의논하여 시간 투자의 규모를 정하면 좋을 것이다. 귀가 시간을 너무 압박하면 미래도 압박당하는 법이다. 항상 늦게 다니라는 말은 절대 아니다. 숨통을 좀 열어놓으라는 것뿐이다. 아무리 유능한 사람도 정해진 시간에 정해진 철길만 달리면 발전이 없다.

인생의 큰 성공도 가정에서 나오고, 큰 실패도 가정에서 나온다. 가정은 그만큼 중요하다. 그러므로 신중해야 한다. 밖에 있는 사람(남편)은 안에 있는 사람을 배려해야 하고, 안에 있는 사람(아내)은 밖에 있는 사람을 이해해야 한다. 위대한 가정이라면 군법과 같은 엄격한 규칙보다는 외교관 같은 유연성이 더 필요하지 않겠는가!

수화기제

나는 관상 전문가라서 잘 아는데, 꽉 짜인 사람은 절대 큰 성공을 못한다. 이는 주역에서 수화기제水火旣濟라고 하는바, 이 괘상은 현재에만 집중되어 있어 미래에 파탄이 예고되어 있다는 뜻이다. 《사서삼경》중 하나인 《대학大學》에 '수신제가치국평천하修身齊家治國平天下'라는 글이 있는데, 여기서 수신은 개인의 처세능력이고, 제가라는 것은 가정의 처세를 말하는 것이다. 가정에서 잘해야 나라도 다스려지고 세계도 태평성대가 된다는 뜻이다.

가정의 독재(지나친 시간규제)는 최악이다. 물론 장래성도 없고 별 볼

일 없는 남편이라면 바깥에서 허튼짓 못 하게 꽉 잡아놓기라도 해야 안심이 되겠지만, 그보다는 잘 가르쳐서 바깥세상의 이치를 깨닫게 하는 게 낫지 않을까!

항상 시간이 없는 사람은 위험하다

일을 지나치게 많이 하는 사람은 그만큼 돈을 많이 벌겠지만 시간의 여유가 없다. 이는 결국 시간을 돈으로 바꾼 결과에 지나지 않는다. 어려운 시대에 시간을 돈으로 바꿀 수 있다면 그나마 그는 행복한 사람일지도 모른다. 백수(?)는 남아도는 시간을 돈으로 바꾸지 못해 고통을 겪고 있으니까 말이다.

인생살이에는 돈이 필요하기 때문에 일을 하는 것이 분명 옳다. 공자도 "일하고 남은 시간에 공부하라."고 가르치지 않았던가! 일은 공부보다도 우선인 것이다. 그러나 일 때문에 공부할 시간이 전혀 없다면 이는 큰일이다. 인생은 공부를 통해 발전하는 것인데, 일 외의 것을 할 시간이 전혀 없다면 어떨까? 그런 인생은 발전가능성이 없고, 삶의 의미까지도 없어질 수 있다.

인간은 과연 일하기 위해 태어났을까? 일은 생존을 유지하기 위한 것이니 하기는 해야 할 것이다. 그러나 너무 일에 매달린 나머지 다른 것을 할 시간이 없다면 이 문제는 생각을 좀 해봐야 하지 않을까? 그렇다! 인생은 먹고사는 일 외에도 중요한 일이 얼마든지 있다. 이에 대해 공자의 가르침이 있다. 제자가 공자에게 물었다.

"가난하면서도 아첨하지 않고, 부자이면서도 오만하지 않다면 어떻겠습니까?"

공자가 답한다.

"괜찮은 사람이다. 하지만 가난하면서 자족할 줄 아는 사람만 못하고, 부자이면서 공부를 좋아하는 사람만 못하다."

이 둘 중에서 가난하지만 자족할 줄 아는 사람에 대해 생각해보자. 이는 돈이 좀 없어도 그러한 상황에서 행복을 찾을 수 있다는 의미다. 또한 돈이 좀 없어도 여유를 가진다는 의미, 돈에 전전긍긍하지 않는다는 뜻이다. 하지만 돈을 벌지 말라는 뜻은 아니다. 부자가 되려고 지나치게 무리하면서까지 애쓰지는 말라는 것이다. 분수를 지키면서 돈을 벌라는 뜻이기도 하다.

그런데 그 외에 더 중요한 뜻이 함축되어 있다. 돈이 없어도(너무 없으면 큰일이지만) 그 속에서 견디며 공부에도 신경 쓰라는 것이다. 돈이 없는데 공부마저 못하면 어쩌란 말인가? 이러한 공자의 가르침은 젊은 시절에 나에게도 큰 힘이 되었다. 나는 가난해서 서러운 적도 있었지만, 그래도 공부를 게을리하지는 않았다. 굶어 죽을지언정 공부만은 꼭 챙기겠다는 마음가짐을 가지고 오랜 세월 동안 그렇게 살아왔다.

세상은 모름지기 너무 돈, 돈 하면서 살면 안 된다. 돈은 힘닿는 데까지만 애쓰면 된다. 물론 돈이 없다고 해서 돈 이외의 나머지를 모두 팽개치면 안 된다. 예를 들어 공부라든지 인격 연마 같은 중요한 것은 잠시도 멈춰서는 안 된다. 어떤 사람은 돈이 없다고 인격을 다 상실하고 돈에 마귀처럼 달려든다. 돈 앞에서는 의리도 없고, 인정사정없이 미쳐버린다. 이래서는 미래가 없다. 돈을 못 버는 것은 물론이고, 친구도 잃고, 공부도 못하여 저속한 인간으로 타락할 수밖에 없다.

돈이 많은 사람은 더 많이 벌려고 아우성이다. 예전에 미국의 한 부자가 1년에 1억 달러를 손해 봤다고 자살한 적이 있다. 그는 재산이 5억 달러나 더 남아 있었는데 1억 달러 손해 본 것에 분통을 터트리고 결국 참지 못해 자살했던 것이다. 한마디로 어처구니없는 사람이다. 5억 달러면 평생 쓰고도 남을 만큼 큰돈이 아닌가? 굳이 더 벌어야만 행복했을까?

가난해도 자족할 줄 알아야 한다. 더구나 5억 달러나 남았으면 별로 가난한 것도 아니다. 그렇다면 부자는 무엇을 해야 하는가? 가난한 사람보다 더 열심히 공부해야 한다. 오로지 돈만 벌기 위해 너무 바쁘게 지내면 안 된다. 끊임없이 공부할 기회를 만들어야 한다.

돈뿐만 아니다. 무슨 일이든 지나치게 몰두하느라 시간을 다 빼앗기면 안 된다. 심지어 공부만 하느라 시간을 모두 탕진해서도 안 된다. 사람을 만나야 한다. 인생에는 할 일이 아주 많다. 돈에만 몰두해서도 안 되고, 공부에만 몰두해서도 안 되고, 사랑에만 몰두해서도 안 되고, 자식한테만 몰두해서도 안 되고, 국회의원이 되는 데만 너무 몰두해서도 안 된다.

수화기제

모름지기 인생은 멀리까지 바라보고 많을 것을 할 수 있는 여유가 필요하다. 앞에서도 언급한 것처럼, 지나치게 꽉 짜인 사람은 《주역》의 괘상으로 수화기제水火旣濟다. 이런 사람에게는 돌발적인 불운이 닥칠 가능성이 아주아주 높다. 댐에 물이 가득 찬 상황을 생각해보면 된다. 그런 댐은 넘치거나 붕괴될 위험이 크다. 살얼음 위를 걷는 인생이 아닐 수 없다.

또한 사람이 한곳에만 몰두하면 영혼이 한쪽으로 편향되어 '재앙'에 대한 방어기능이 약해진다. 재앙이란 정신에 여유가 없을 때 닥치는 법이다. 정신이 한곳에 오래 붙들려 있으면 주위에 온갖 위험이 도사려도 그것을 잘 모른다. 옛말에 호랑이에게 물려가도 정신만 똑바로 차리면 산다고 했는데, 사람은 호랑이가 아니어도 사소한 일에 쉽게 얼이 빠질 수 있다.

그중에서도 인간이 가장 심각하게 환장하는 것이 돈이다. 돈 앞에서 인간은 볼 것도 못 보고 할 일도 못 한다. 돈 외에도 인간의 정신을 흐리게 만드는 것은 무수히 많다. 어떤 사람은 낚시에 미쳐서 모든 것을 잃기도 하는데, 낚시든, 사업이든, 연애든, 술이든, 도박이든, 마약이든, 춤이든, 친구든, 공부든, 종교든, 너무 빠져 들면 안 된다.

더 나은 미래를 위해 시간을 남겨두어야 한다. 아무리 좋은 일이라도 그것 외에 다른 것을 전혀 생각하지 못한다면 그 순간 그 사람은 식물인간이 된 것과 다름없다. 삶에는 여유가 필요하다. 여유는 곧 자유이고, 자유가 있어야 삶에 뜻이 생긴다. 인간은 기계처럼 틀에 박혀 살면 안 된다. 항상 시간이 없다고 말하는 사람은 머지않아 재앙이 도래할 것이다. '항상 시간이 없는 상태'는 그 자체로 이미 어리석다. 너무 바쁜 사람에게는 좋은 운명도 급히 스쳐 지나간다.

용기가 불운을 막는다

인생이란 날로 발전할 때 아름다운 법이다. 위대한 것을 추구하면 그 사람은 점점 위대해진다. 생계를 위해 돈을 벌고 나머지 시간에는 항상 공부를 놓지 않는다면 이는 참으로 바람직한 인생이 아닐 수 없다. 공부를 하면 사람은 변하게 되어 있다.

어린 시절을 생각해보자. 그토록 철이 없던 그 아이가 지금은 의젓한 어른이 되어 있다. 우리는 지금 얼마나 성장했는가! 우리의 정신은 얼마나 위대해졌는가? 사람은 공부를 많이 하면 자기 자신의 좋은 친구가 된다. 그러면 홀로 있어도 외롭지 않다. 내 안의 세계가 훌륭하고, 아름답고, 재미있다면 이는 분명 자기 자신의 좋은 친구다.

그러나 나 자신의 내면세계가 별 볼 일 없다면 참으로 심심할 것이다. 그런 사람은 남과 있어도 고독할 뿐이다. 또한 그런 사람과 만나고 있는 사람도 외로움을 느낀다. 사람답지 않은 사람, 속이 텅 빈 사람, 맹물 같은 사람을 만나면, 왠지 사람을 만난 것 같은 느낌이 들지 않는다. 오히려 그런 사람을 만나면 자기 자신이 고독하다는 것을 새삼 깨닫게 된다.

'아, 사람이 없구나! 세상에는 겨우 이런 사람밖에 없단 말인가?'

사람은 그 자체로 존재감이 있어야 한다. 존재감은 내면에서 나온다. 그래서 내면이 깊은 사람은 존재감이 크다. 남과 친구가 되려면 나부터 훌륭해져야 한다. 내면이 얄팍하고 속에 아무것도 든 게 없는 사람이 누군가를 만나 고독감을 떨치고자 한다면 이는 사기행위다. 누군가와 친구가 될 수도 없을 만큼 내면이 허접한 사람이 친구를 구하러 다닌다면 이는 인간 도적질이나 마찬가지다. 먼저 내가 누군지를 알고 남을 사귀어야 하는 것이다.

그래서 사람은 먼저 자기 자신을 가꾸어야 한다. 그 과정을 통해서 나 자신이 남과 친구가 될 수 있는지 점검해야 하는 것이다. 내가 나 자신을 좋아할 수 없다면 남들도 나를 좋아할 리 없다. 친구가 될 자격이 있는 사람만이 친구를 찾아 나설 수 있는 법이다. 처세니 인맥이니 하면서 무작정 사람을 만나러 다니는 것이 능사가 아니다. 나를 알게 되는 사람이 나로부터 어떤 보람과 이득을 얻을 수 있는가? 이것을 먼저 생각해야 한다.

사람을 무작정 만나서는 결코 친구를 얻을 수 없다. 사람 사이에 친구가 될 거리가 있어야 한다. 당신은 바보를 친구로 삼고 싶은가? 나도 그렇고 남들도 그렇다. 다들 한 번쯤은 이런 생각을 해본다. '저 놈을 사귀어서 나한테 좋을 일이 뭐가 있을까?' 나뿐만 아니라 남들도 항상 이런 생각을 품고 있다. 그래서 스스로를 가꾸어야 한다. 세상에 내놓을 나 자신을 잘 만들어야 한다는 뜻이다.

내가 사람을 고르듯이 남도 사람을 고른다. 사람이라고 해서 다 같은 사람이 아닌 것이다. 사람도 진품이 있고 짝퉁이 있다. 진품이 되도록 피눈물 나는 노력을 해야 한다. 나를 먼저 가꾸어 놓고 남을 만나야 한다. 그래야 인생이 발전하는 법이다.

유유상종類類相從이란 말이 있다. 같은 종류끼리 만난다는 뜻이다. 나 자신이 갖추지 못하면 내가 만나는 친구도 별 볼 일 없는 뻔한 놈이 될 수밖에 없다. 그렇다면 나는 무엇을 갖추어야 하는가? 정녕 갖추고 싶은가? 어렵지 않다.

첫째, 강한 사람이 되어라. 둘째, 매력 있는 사람이 되어라. 셋째, 착한 사람이 되어라. 넷째, 많이 아는 사람이 되어라. 이 정도면 된다. 훌륭한 사람이 되고자 하는 사람은 날로 훌륭해지는 법이다. 뜻이 성실한 사람이기 때문이다. 불경에 이런 말이 있다.

"쉬지 않으면 마침내 이루어지리라. 저 흐르는 시냇물이 결국 바다로 가듯이…."

세상의 일은 노력한 만큼 이루어지게 되어 있다.

인격을 완성하기 위해서는 우리의 영혼이 어떻게 작동하는지 알아둘 필요가 있다. '영혼'이란 단어가 신경 쓰이면 그저 '마음'이나 '정신'이라고 표현해도 된다. 이것은 비물질로서 육체와 대비되는 개념이다. 우리 인간에게는 분명 정신이라는 것이 있다. 이것은 신체처럼 단련될 수 있으며, 교육의 목표도 바로 이것을 훌륭하게 만드는 것이다. 소위 말하는 도인들도 정신을 단련하기 위해 온갖 수련을 다 한다. 소크라테스가 인간에게 갖추라고 독려했던 것도 바로 이 정신이다.

인간은 부귀영화를 꿈꾸기 전에 먼저 인격을 갖추어야 한다. 이는 당연한 말이다. 하지만 어디서부터 어떻게 시작해야 할까? 그것은 정신의 구조를 먼저 이해하는 것으로 시작해야 할 것이다. 정신의 구조? 다소 어려운 느낌이 들겠지만 실은 아주 단순하다.

인간의 정신은 크게 3가지로 나눌 수 있다. 첫째는 의지意志다. 이것은 정신의 원동력으로서 고등생명체의 활동은 의지로부터 시작된다. 의지는 정신세계의 대통령과 같은데, 우리가 '나'라고 호칭하는 것이 바로 이것이다. 타고난 기운이라고도 말하는데, 이것은 영혼으로부터 발출되는 불멸의 존재다.

죽어서도 영혼은 살아남는다고 하는 것도 바로 의지의 본체를 말하는 것이다. 천하의 영웅들은 태어날 때부터 남다른 면이 있는데, 그것이 바로 강한 의지다. 맹자가 호연지기浩然之氣라고 말했던 것도 바로 이 강한 의지를 뜻한다. 그러니 우리는 죽는 순간까지 호연지기를 길러야 한다.

그렇다면 어떻게 의지를 길러야 할까? 의지는 인간의 정신활동 중에 용기勇氣라는 덕목으로 발현된다. 용기를 기르면 의지도 길러지는 것이다. 엄밀히 말해 용기와 의지는 다른 개념이다. 하지만 의지의 작용은 대부분 용기로 나타나므로 용기를 기르면 의지를 기르는 것이 된다.

용기, 이것은 성인이 인간에게 가르쳤던 3가지 덕목 중 하나다 3가지는 지知, 인仁, 용勇인데, 이 중에서 용은 천덕天德에 해당된다. 우리가 사는 우주 대자연은 하늘의 의지에 의해 만들어진 것이다. 그리고 인간이 그것을 본받는 것은 용기의 수련이다.

용기를 기르는 방법은 잠시 덮어두고, 정신의 다른 구조를 살펴보자. 무엇이 있을까? 그것은 감정感情이다. 정서적 기능을 말하는 것인데, 이것이 아주 훌륭한 상태가 되었을 때 발현하는 것이 바로 사랑이다. 사랑, 즉 인仁은 용기와 함께 이 3가지 덕목에 포함된다. 나머지 하나는 지성知性인바, 학교에서 하는 공부가 모두 여기에 해당한다. 이것도 3가지 덕목 중 하나다.

우리의 정신은 바로 지인용智仁勇, 3가지 작용이다. 정신의 구조를 더 자세하게 따지자면 100권의 책으로도 부족하다. 그러니 여기서는 3가지 범주에만 주목하자. 인간이 살아가면서 갖추어야 할 것은 지인용을 빼놓고는 따로 논할 것이 없다. 인간성이 바로 지인용인 것이다. 그리고 이것은 수련을 통해 무한히 성장할 수 있으며 죽어서도 계속된다.

이제 3가지 덕목을 자세히 알아보자. 먼저 이 장에서는 용기에 대해 이야기하고, 사랑과 지성은 다음 장에서 알아보겠다.

용기! 이것이 무엇인지는 누구나 잘 알 것이다. 단지 이것을 어떻게 기르느냐가 문제다. 그러기 위해서는 용기의 필요성을 잠깐 살펴보자. 사회질서를 지켜주는 경찰관이 용기가 없다면 어떻게 될까? 범인을 보고 벌벌 떤다면 볼 장 다 본 것이다. 높은 산을 정복하려는 등반가가 용기가 없으면 아무것도 성취할 수 없다. 군인은 어떤가? 운동선수는 무엇으로 실력을 발휘하는가? 하다못해 연인에게 사랑을 고백하는 것도 용기가 없으면 안 된다. 사업도 용기가 없으면 시작할 수가 없다. 즉 용기는 사회활동에 없어서는 안 될 요소다.

다만 요즘 사람들은 용기의 필요성을 별로 못 느끼는 것 같다. 왜냐? 무서우니까! 만약 내 남편이나 아들이 용기 내기를 두려워하는 사람이라면 어떨까? 그런 인생은 발전이 없다고 봐야 한다. 용기는 모든 것의 시작이다. 뜻이 있는 곳에 길이 있다고, 그 뜻이 바로 용기다. 뜻 없이 이루어질 수 있는 것이 세상에 어디 있겠는가! 그러므로 용기는 인생에 절대적으로 필요한 요소다. 그렇기에 옛 성인들은 이것을 3가지 덕목 중에 하나로 꼽은 것이다.

용기를 기르는 방법에 대해 실례를 들어보겠다. A는 용기를 수련했던 사람인데, 그가 어느 날 귀가하는 중 갈림길을 만났다. 한쪽 길은 가로등이 밝게 켜져 있는 평탄한 도로이고, 다른 한쪽은 어두운 논길이었다. 논길 중간에는 무덤도 있어서 <u>으스스</u>했다. A는 이곳에 서서 잠시 생각하다가 <u>으스스</u>한 길로 들어섰다. 일부러 무서운 길을 선택한 것이다.

그날 이후로 A는 갈림길에서 항상 생각했다. '무서운가, 아닌가?' A는 무서울 때는 어두운 논길로 들어섰고, 안 무서우면 평탄한 길을 선택했다. 도심을 걸을 때도 멀쩡한 큰 도로를 놔두고 일부러 어두운 골목길을 택하기도 했다. A는 공포를 인정하기가 싫었다. 어느 겨울에는 살얼음을 깨고 그 물속에 들어가기도 했고, 조폭들에게 대들기도 해보고, 여자 앞에서 자장면을 먹기도 했다(부끄러움을 극복하려고). 커피숍에서는 아늑한 구석이 아니라 중앙에 앉았고, 싸움판이 크게 벌어진 술집에서 태연히 앉아 술을 마시기도 했다. 또한 많은 여자들 앞에서 창피함을 무릅쓰고 연설을 하기도 했고, 비리를 보면 강자에게도 큰 소리로 할 얘기를 다 하면서 지냈다.

A는 언제 어디서나 용기를 잃지 않고 행동했다. 이렇게 오랜 세월이 흐르자 A는 아주 용감한 사람이 되었다. 그는 스스로 말한다. 온갖 공포로부터 떠났으며, 이제 용기 수련은 어느 정도 완성했다고…. 주변 사람들은 그의 용기에 혀를 내두를 정도였다. A는 원래 소심한 사람이었는데, 수련을 통해 용기 있는 사람으로 우뚝 섰다. 그리고 용기뿐 아니라 정신의 다른 여러 측면에서도 탁월해졌다.

이 이야기에서 용기를 기르는 요점은 무엇인가? 항상 도전하라는 것이다. 패할지언정 도전을 피하지 말라는 뜻이다. 용기는 하늘의 덕으로서, 양陽의 성품을 가지고 있다. 양이란 스스로 일어나는 것이지 다른 것의 도움으로 일어서는 것이 아니다. 용기는 그저 용기를 내면 점점 커져 간다.

세상은 도처에 위험이 있다. 이것을 두려워하면 오히려 위험으로 인해 손상을 입게 된다. 사람을 위험에 빠트리는 운명은 용감한 사람을 피해 도망간다. 그래서 비겁한 사람은 아무리 피해 다녀도 위험에 맞닥뜨리게 되어 있다. 인류는 고래로 모험을 마다하지 않았기에 만물의 영장으로 발돋움했던 것이다. 운명을 개선하는 일도 용감한 사람에게는 큰 문제가 아니다. 하늘은 투지를 잃지 않는 사람을 사랑한다. 항상 힘이 넘치는 사람이 되어야 할 것이다. 이는 운명을 개척하는 좋은 방법이기도 하다.

무식하면 친구도 없고 재수도 없다

어떤 종교든, 세상의 모든 성인들은 사랑을 가르치고 있다. 이는 두 번째 덕목으로서 지덕地德에 해당되는데, 인류의 단결을 위해서도 절대적으로 필요하다. 인간은 항상 서로 다투고 미워하고 공격하고 갈라선다. 오늘날 세계가 그렇게 흘러가고 있다. 이는 사랑이 결여되어 일어나는 현상이다.

동서고금의 성인들이 그토록 간곡하게(?) 사랑을 가르쳤건만 인간은 그 뜻을 잘 모른다. 사람은 사랑을 위해 사는 것이라고 해도 과언이 아니다. 사랑이란 온 세상을 하나로 묶어주는 영혼의 위대한 작용인 것이다. 인간으로 태어나 대자연의 큰 섭리를 깨닫지 못해도 사랑이 충분한 사람은 인생에 보람이 있다. 반면 평생 사랑을 모르고 산 사람은 비록 부귀영화를 누렸다 해도 자랑스러운 생애라고는 볼 수 없을 것이다. 사랑은 인간의 특징 중 하나인데, 사랑을 더욱 키워 나가면 온 세상을 기르는 힘이 될 수 있다.

사랑의 개념을 살펴보자. 사랑은 그 작용에 따라 두 가지로 나뉜다. 사적인 사랑과 공적인 사랑이다. 지하철에서 남에게 자리를 양보하는 행위는 공적인 사랑이다. 성인이 가르치고 있는 것이 바로 이런 사랑인 것이다. 남에 대한 배려를 하라는 뜻이다.

공적인 사랑은 인仁이라고 말한다. 사적인 사랑은 애愛라고 말하는바, 두 종류의 사랑은 각각 적용하는 경우가 다르다. 자기 자식을 사랑하는 것은 본능적이고 개인적이다. 그것은 당연한 것이지 자랑할 것은 아니다. 하지만 남에 대한 사랑은 중요한 덕목이 되는 것이다.

이 사랑은 보편적인 사랑으로서, 전 인류적 협동정신이다. 모든 사람에 대한 배려를 잃지 않으면 세상은 평화롭고 안전한 곳이 될 것이다. 더 말할 나위 없는 얘기이고, 문제는 이 사랑의 정신을 어떻게 함양하느냐다.

인의 정신을 어떻게 기를 것인가? 어려울 것 없다. 인류가 한 가족이란 것을 이해하면 된다. 실제로 그렇다. 인류는 30만 년 전 아프리카의 한 여인에 의해 태어나 대를 이어온 것이다. 인종을 떠나 온 인류가 친척인 것이다. 그러나 촌수가 좀 멀다고 생각되면 남의 입장을 생각해보든지, 공존의 논리를 생각하든지, 하늘의 섭리를 생각하면 될 것이다.

사랑은 습관을 통해 얼마든지 그 마음을 일으킬 수 있다. 타인에게 친절하게 대한다거나, 적선을 한다거나, 미운 놈에게 선물을 준다거나, 회식자리에 가서 불편한 좌석에 먼저 앉는다거나, 남에게 먹을 것을 챙겨주거나, 지하철에서 자리를 양보하거나, 쓰레기를 줍거나, 노래방에 가서 남에게 마이크를 주거나 등등 무수히 많다.

사랑을 어떻게 실천하는지 모르는 사람은 없을 것이다. 단지 사랑을 주면 왠지 손해라는 느낌이 들기 때문에 주저한다. 하지만 사랑을 주는 것은 결코 손해가 아니다. 하늘로부터 복을 받는 행위이고, 나의 사랑으로 사회가 더욱 아름답게 발전할 것이다. 그러니 자손들에게도 이득이 된다. 어느 종교에서는 사랑을 많이 준 사람이 다음 생에 귀하게 태어난다는 교리도 가르치고 있다. 사랑은 습관이 들면 그리 어려운 게 아니다. 맹자는 말한다.

"마음이 일어나면 행동이 따라오고,
행동을 일으키면 마음이 따라온다."

志壹則動氣, 氣壹則動志

만일 자녀가 머리는 똑똑한데 도무지 인간에 대한 사랑을 모른다면, 그것은 끔찍한 일이다. 사랑은 인간을 넉넉하게 해준다. 사랑을 모르는 자는 천하에 옹졸한 자다.

인생 최고의 즐거움은 공부

다른 얘기를 해보자. '경우 바른 사람'이란 말이 있다. 원래 이 말은 '경위涇渭 바른 사람'을 잘못 쓴 표현인데, 그 내용은 이렇다. 중국 어느 지방에 가면 경수涇水와 위수渭水가 있는데, 경수는 항상 흐리고, 위수는 항상 맑아 두 물이 섞여 흐르는 동안에도 구별이 분명하다고 한다. 사리의 옳고 그름과 시비를 잘 분간하는 사람, 그래서 행동이 옳은 사람을 '경위 바른 사람'이라고 칭했던 것이다.

사람이 옳은 행동을 하기 위해서는 먼저 옳은 판단이 선행되어야 한다. 그렇다면 어떻게 판단하고, 어떻게 행동하는 것이 옳을까? 이는 경우마다 다를 것이니, 경우를 많이 알아야 한다. 즉 지식이 넓어야 하는 것이다. 얼마만큼 넓어야 하는가? 당연히 넓으면 넓을수록 좋다! 가능하다면 저 하늘만큼 지식이 넓어야 할 것이다.

그런 의미에서, 인생 최고의 즐거움은 공부가 아닐 수 없다. 공부를 하면서 사는 사람과 전혀 안 하고 사는 사람은 시간이 갈수록 큰 차이가 난다. 공부를 안 하고 사는 사람은 '경위가 바르지 않은 사람'이 되어간다. 즉 나쁜 놈이 된다. 이미 지식이 많다 해도 내가 모르는 새로운 지식이 세상에 얼마든지 있으니 공부라는 것은 말하자면 끝이 없다. 그렇다면 그 많은 공부를 언제 다 할까? 공부의 끝에는 깨달음이 있다. 그래서 공자도 이렇게 말했다. "아침에 도를 깨달으면 저녁에 죽어도 좋다." 삶의 보람은 오로지 공부일 뿐이다.

게다가 요즘은 공부하기가 얼마나 쉬운가! 서점에 가면 좋은 책이 무수히 많다. 한 권의 책만 제대로 읽어도 한 사람이 평생 동안 연구한 내용을 다 습득할 수 있다. 만일 어떤 사람이 1만 권의 책을 읽었다면 그는 세상에 모르는 것이 거의 없을 것이다.

책 읽는 것이 어려운가? 책은 구하기도 쉽고 읽다보면 재미도 있다. 책이란 많이 읽을수록 읽는 기술도 늘어나고 재미도 늘어난다. 먼 옛날에는 책을 구하기가 아주 힘들었다. 하지만 요즘 세상에는 책이 남아돈다. 어떤 것도 좋다. 많이 읽으면 아는 것이 그만큼 많아질 것이다.

그리고 이왕 책을 읽으려면 폭넓게 읽어야 한다. 이런저런 견해와 지식을 견주어야 더 좋은 내용을 간추릴 수 있기 때문이다. 그리고 아는 것을 실행하여 확실히 자기 것으로 만들어나가야 한다. 많이 안다는 것은 세상이 그만큼 안전해지고 행복해진다는 것이다. 또한 자기 자신이 스스로의 좋은 친구가 된다. 아는 것이 많은 사람은 밖에 나가 친구를 사귀기도 쉽고 어디서든 호평을 받는다.

단, 한 가지 조심할 것이 있다. 요즘 세상에는 누구나 책을 많이 읽어서 아는 것이 많다. 그러니 나만 아는 것이 많다고 생각하면 안 된다. 오히려 나의 공부는 남보다 못하다는 생각을 늘 하면서 살아야 한다. 세상에 오로지 단 한 권의 책만 읽은 사람과 책이라고는 단 한 권도 읽지 않은 사람 중 누가 더 위험할까? 답은, 오로지 한 권만 읽은 사람이 더 위험하다.

이 말은 자기가 읽은 지식에 너무 큰 자부심을 갖지 말라는 것이다. 세상은 넓고도 넓다. 그 안에는 얼마든지 위대한 사람이 있는 것이다. 공부는 많이 하되 조심을 해야 한다. 우물 안의 개구리는 넓은 바다를 모른다는 말이 있는데, 이는 한 인간의 지식이 별것 아니라는 것을 뜻하는 말이다. 그러므로 더욱 열심히 읽고 더욱 열심히 배워야 한다.

그렇다면 그 많은 지식을 다 어디에 쓸까? 공부는 써먹기 위해서 하는 게 아니다. 공부 자체가 우리의 영혼을 발전시킨다. 영혼은 죽지도 않는 것이니 그것을 계속 발전시켜간다는 것이 얼마나 보람 있는 일인가? 앞에서 말했듯이 옛말에 '글가난이 서럽다'는 말이 있다. 무식한 놈은 인생이 슬픈 법이다.

무식하면 친구도 없고 재수도 없다. 날이 갈수록 천박해진다. 지식이 많아지면 당연히 고귀한 사람이 될 것이고, 이는 중요한 노후대책이기도 하다. 무식하면 고독하고 돈도 마르게 되어 있다. 무엇보다도 무식한 사람은 세상이 점점 재미없게 변해간다. 그리고 내가 무식하면 내 자식도 무식해질 수밖에 없다. 이는 자식마저 망하게 하는 것이다. 길게 생각할 것 없다. 책을 읽어라. 밥을 먹는 것만큼 책도 읽어야 하는 것이다. 존경받는 사람은 그만한 이유가 있다. 공부가 부족한 사람은 위선자가 될 가능성이 크다. 남의 위대함을 비웃는 사람은 아직 공부가 부족한 사람이다. 위대한 사람을 존경하면 그 사람처럼 변해가는 것이 자연의 이치이다. 하늘은 끝없이 높다.

타고난 운명에
머물지 마라

4

모든 길흉화복은 사람에서 시작되어 사람으로 끝난다. 그래서 사람들과 어울려 잘 사는 것, 진정한
처세는 영원을 향해 이루어져야 한다. 당장 이익을 보기 위해 잔꾀를 부려 인맥을 만드는 것은 길게
보면 부질없는 짓이다. 처세는 인간에 대해 언제나 옳게 대한다는 뜻이다. 이익이 없어도 좋은 것이
다. 그저 내가 인간에게 인간답게 대한다는 것이 내 운명에 좋은 것이다. 내가 항상 인간을 바르게
대하면, 이는 하늘이 다 보고 있다.

운명을 바꾸는 매력의 조건

인간관계의 성패는 대체로 내가 남을 어떻게 평가하느냐보다는 남이 나를 어떻게 평가하느냐에 달려 있다. 즉, 내가 평가를 받게 되는 상황이 일반적이다. 그러니 상대방의 입장에서 나를 바라봐야 한다. 아예 온 세상이 나를 지켜보는 면접관이라고 생각하면 쉽다. 여기에서 실패하면 그것이 바로 인간관계의 실패다. 내가 외면당하고 나서 상대를 비난해봐야 소용없다. 그보다는 내가 왜 배척당했는지를 곰곰이 생각해야 한다. 만일 내가 남으로부터 자주 무시당하거나 배척을 당한다면 이는 틀림없이 나에게 고쳐야 할 어떤 문제점이 있다는 뜻이다. 나는 얼마 전에 P라는 사람으로부터 이런 질문을 받았다.

"선생님, 이상한 일이 있어요. 저는 말입니다, 사람을 조금 사귀고 나면 그 사람이 저를 피하는 것 같아요. 왜 그럴까요?…."

나는 P와 조금 사귀어본 후에 그 이유를 알았다. 그래서 지금은 나 역시 P를 만나지 않는다. 그는 분명 문제가 있었다.

첫째, 약속을 잘 지키지 않았다. 즉 말을 쉽게 내뱉고는 지키지 않는 것이다. 그래서 이 사람의 말은 말이 아닌 것이 되었다. 예로부터 사람을 '말하는 동물'이라 일컬었건만, 사람의 말에 뜻이 없다면(즉, 자신이 뱉은 말을 지키지 않는다면) '말하는 동물'이라고 칭할 수 있을까? 나는 P의 말을 들을 때마다 속으로 이렇게 생각했다.

'이토록 중요한 말과 약속들…, 이 모든 것이 헛소리란 말인가!'

놀랍기도 했고, 인간 전체가 싫어질 지경이었다. 그러나 약속을 잘 지키고, 말에 뜻이 있는 사람도 세상에 많다는 것을 알고 나서 마음을 고쳐먹었다.

둘째, P는 계속 자기 말만 했다. 대화가 불가능했다. 앞에 있는 나는 말을 한 마디도 할 수 없었다. P는 마치 입만 있고 귀가 없는 사람 같았다. 당연히 P와 만나면 나는 귀만 있고 입이 없는 사람이 되었다. 결국 나는 너무 시끄러워서 P와 절교했다. 다시 생각해봐도 잘한 일이다. 공자가 만나지 말라는 사람이 바로 이런 사람이 아니던가!

본론으로 돌아가자. 상대방에게 좋은 평가를 받으려면 어떤 사람이 되어야 하는가? 답은, '매력 있는 사람'이다.

매력이 있으면 '선택'을 받는 법이다. 매력 없는 놈은 재수 없는 놈과도 통한다. 결국 배척당하게 되고 날이 갈수록 고독해진다. 그래서 점점 패망의 길로 들어선다. 현재 누군가가 고독하다면, 그는 분명 매력 없는 사람일 것이다. 여기서 말하는 매력은 외모가 예쁘고 못난 것을 뜻하는 것이 아니다. 남녀노소를 불문하고 한 사람이 뿜어내는 인간적인 매력을 얘기하는 것이다.

그렇다면 매력이란 무엇일까? 이는 천천히 밝혀 나가야 할 것 같다. 아주 어려운 개념이기 때문이다. 몇 사람만 예를 들어보겠다.

A는 나와 가까운 친지다. 그는 머리가 좋고, 예의 바르며, 잘생겼다. 게다가 돈도 잘 쓰고, 몸도 건강하고, 약속도 잘 지킨다. 얼핏 봐서는 나무랄 데가 없다. 그런데 한 가지 문제가 있었다. 재미가 없다는 것이다. 때문에 자주 만나고 싶지 않았다.

또 한 사람을 소개하자면, B는 한의사인데 학식이 있고, 돈도 잘 썼다. 재주도 많고 교양도 있다. 그런데 매사에 표정이 시큰둥했다. 그래서 왠지 만나고 싶은 마음이 안 들었고 점점 안 만나게 되었다. 그런 사람이라면 차츰 잊혀지지 않겠는가!

또 한 사람 C가 있다. C는 사기꾼인데다, 소위 말하는 전문적인 '제비족'이다. 법적으로는 죽어 마땅한 존재다. 그런데 이 사람은 매력이 넘쳐흐른다. 피해자를 제외하고는 모든 사람이 C를 칭찬한다. 한 번만 봐도 그의 매력에 빠져들어, 많은 사람이 C를 만나고 싶어 하고 그와 시간을 보내고 싶어 한다. 명성이 자자할 정도다. 심지어 그는 나쁜 짓을 하다가 거리에서 맞아 죽었는데, 그럼에도 불구하고 수십 년이 지나도록 그에 대한 평판이 나빠지지 않았다. 이런 극단적인 사례만 봐도, '매력'이란 '정의'와는 별로 상관없는 특별한 개념인 것 같다.

D도 있다. 이 사람 역시 객관적으로 썩 좋은 사람은 아니다. 그러나 매력 덩어리다. 잘 생겨서가 아니고 행동이 싹싹하고 예뻐서다. 누구나 보고 싶어 하고, 오래 함께 있고 싶어 한다. 매력이란 원래 그런 것이다. 이유가 없다. 그냥 그 사람 자체가 마치 자석처럼 사람을 끌어들이는 힘인 것이다.

희랍신화에 '큐피드의 화살'이란 것이 있는데, 이 화살에 맞으면 누구든 처음 보는 사람에게 무조건 빠져든다. 매력이란 모든 곳에 큐피드의 화살을 쏴대는 것과 같다. 사람은 모름지기 매력이 있어야 한다. 정치인은 매력이 있으면 쉽게 당선되고, 직장인은 일찍 진급하며, 세일즈맨은 계약을 쉽게 성사시킨다. 매력 있는 사람은 친구가 많고, 연애를 하면 무조건 성공하며, 장사를 해도 물건이 잘 팔린다. 그러니 이 세상에서 매력은 권력이나 재산 못지않게 큰 힘이다. 매력은 인간이 하는 일의 효력을 극대화시키기 때문이다. 공자는 이렇게 말했다.

"멀리서도 오고, 와서는 기뻐하는 것이 정치다."

近者說 遠者來

인간관계도 이래야 한다. 그렇다면 매력이란 도대체 무엇인가? 겉으로 보면 매력의 조건은 무수히 많다. 돈을 잘 쓴다, 외모가 잘생겼다, 노래를 잘한다, 남을 잘 돕는다, 목소리가 좋다, 경우가 바르다, 신사적이다, 예의가 있다, 명랑하다, 화끈하다, 카리스마가 있다, 화합을 잘한다, 희생정신이 있다, 용감하다, 특별한 재주가 있다, 남을 잘 웃긴다, 유능하다, 강하다 등등….

'왜 매력적인가?' 하는 이유를 정확히 밝혀낼 수 없다. 정신의학 전문가들도 매력의 정의를 내리는 데 애를 먹는 듯하다. 나는 이 문제를 오랫동안 연구한 바 있는데, 대충이나마 결론을 내렸다. 이는 이 세상의 수많은 매력남녀들을 관찰하고, 그들의 공통점을 찾아낸 결과다. 매력의 깊은 뜻과 정의까지 다 논하는 것은 이 책의 범위를 넘어선다. 여기서는 슬쩍 방향만 잡고 넘어가겠다.

요즘 말로 설명하겠다. 디지털 카메라나 휴대폰 화면에 대해 설명할 때 화소畵素라는 개념을 사용한다. 100만 화소, 1,000만 화소 등으로 말하는데, 화소수가 높으면 화질이 좋다는 뜻이다. 화소는 화면을 전기적으로 분해한 최소 단위 면적으로서, 화소수가 높다는 것은 표현의 단위가 촘촘하다는 뜻이다. 그런데 우리 인간의 뇌에도 이런 개념이 있다. 이것이 무슨 의미일까?

의식이 '맑다' 혹은 '흐리다'는 것이다. 유리처럼 맑게 느껴지는 사람은 다름 아닌 정신이 촘촘한 것으로 밝혀졌다. 정신의 '폭이 넓다'는 말도 하는데, 이는 결과적인 것을 뜻하는 것이고, 그 내용은 정신상태가 촘촘하다는 것을 다르게 표현한 것이다. 이런 사람은 정신이 또렷한 사람이다. 반대는 멍청하다, 둔하다, 느리다, 시야가 좁다, 어둡다, 맹하다 등이다.

여기서 우리는 매력의 공통점을 쉽게 찾아볼 수 있다. 한마디로 맹한 놈은 매력이 없는 것이다. '왠지 싫다'는 말은 나쁜 짓을 하는 사람을 두고 말하는 게 아니다. 맹한 놈을 두고 하는 말이다. 정확히 말하면 우리는 맹한 놈이 싫고, 맹하지 않은 사람에게 매력을 느낀다. 정신의 화소 수가 높은, 즉 정신이 촘촘한 사람은 분명히 매력 있어 보인다.

공자는 이렇게 말했다.

"군자는 말은 과묵하되 행동에 민첩함이 있다."

君子欲訥於言 而敏於行

여기에서 민첩하다는 것은 행동만을 뜻하지 않는다. 오히려 정신의 민첩함이 더욱 중요한 것이다. 정신의 민첩함이란 센스가 있고, 순발력이 좋다는 뜻인바, 이는 그 내면에 정밀함이 있어야 가능하다. 이른바 화소가 촘촘하고 이것이 잘 작동하고 있다면 매력 있어 보인다.

흐릿한 사람은 누구나 싫어하는 법이다. 왠지 싫을 수밖에 없다. 불분명한 것은 답답하고 불안하기 때문이다. 이런 사람과 있으면 앞이 막힌 듯하고 재미가 없다. 이런 사람은 밖에 나가 아무리 많은 사람을 만나도 친구가 늘어나지 않는다. 회사에서 진급도 느리다. 사업 역시 잘 되지 않는다. 누군가에게 사랑을 받거나 존경을 받기도 어렵다. 정신의 화소를 좀 더 촘촘하게 만들어야 생각도, 운명도 더욱 명쾌해진다. 다이아몬드의 매력 중 하나는 그 맑음이라는 사실을 잊어서는 안 될 것이다.

운이 나빠질 수밖에 없는 얼굴

인간에게 가장 중요한 것은 그 마음이다. 하지만 이것을 제대로 판단하려면 적지 않은 시간이 걸린다. 간단히 알아보는 방법은 없을까? 있다! 얼굴의 유형을 살피면 된다. 아주 간단하게 얼굴의 유형을 판별하는 방법을 소개하겠다.

이는 간단히 말해, 2부에서 소개한 '주역이 알려주는 8가지 인간유형'을 외모에 대입시켜 따져본 것이다. 사람을 볼 때마다 자꾸 연습하다보면 어느 정도 판단이 될 것이다. 우선 자기 자신은 어떤 유형인지 생각해보자.

1단계 – 산과 연못

앞에 사람이 있다. 얼굴이 보인다. 단단해 보이는
가? 어둡거나 표정 변화가 적은가? 그렇다면 첫 번째
유형인 산山 같은 사람이다. 그렇지 않고 차분해 보이
는가? 고집스럽지 않고 이해심이 많아 보이는가? 단정한 느낌을 주는
가? 그렇다면 두 번째인 연못澤이다. 둘 중 하나가 아니면 다음 단계로
넘어간다.

2단계 – 불과 물

따뜻해 보이는가, 지성적으로 보이는가? 그렇다면
그 사람은 세 번째 유형인 불火이다. 지적이라기보다는
정서가 풍부해 보이는가? 얼굴을 부분적으로 찡그릴
때가 있는가? 철이 없어 보이는 얼굴인가? 이는 네 번째 유형인 물水이
다. 둘 다 아니면 다음으로 넘어간다.

3단계 – 우레와 바람

다섯 번째 유형은 우레雷다. 날카로운 모습인가? 입을 꼭 다물고 있

는가? 무엇인가 각오를 한 듯 비장해 보이는가? 성깔
이 좀 있어 보이는가? 그렇다면 딱이다. 아니면 여섯
번째로 넘어간다. 바람風인데, 이는 시원해 보이는 얼

굴이다. 이 유형의 얼굴은 특히 사진발(?)이 좋다. 마주보고 있으면 마
음이 편안해진다. 상대방에게 긴장감을 주지 않는다. 이런 얼굴은 바람
처럼 청량하다. 둘 다 아니라면 다음으로 넘어가보자.

4단계 - 땅과 하늘

그다음은 온순해 보이는 얼굴, 친근감이나 애정을
유발하는 얼굴, 착한 백성의 얼굴, 긍정적인 얼굴이다.
이는 땅地에 해당되는 얼굴로서 여성의 얼굴이 이런 스
타일이면 참으로 좋다. 마지막 유형은 하늘天인데, 얼굴에 범상치 않은 기
운이 느껴지는가? 명랑한가? 강해 보이는가? 이는 하늘같은 얼굴이다.

이상의 8가지 얼굴 분류는 단순히 얼굴이 주는 느낌에 대한 것일 뿐,
이것이 곧 마음이라고 단정할 수는 없다. 종종 얼굴 모습과 마음이 판이
하게 다른 사람도 있다. 하지만 얼굴에는 반드시 성격의 일부가 드러나
게 되는 법이다.

어쨌거나 우리의 최종적인 목표는 그 사람의 본질을 빠르게 간파하

는 것이다. 그러기 위해서는 이모저모를 꼼꼼히 살펴야 한다. 얼굴은 그 중에서도 아주 중요한 요소다. 단지 얼굴은 인위적으로 꾸며서 바꿀 수 있기 때문에 더욱 유심히 살펴봐야 한다.

꾸미지 않아도 훌륭한 얼굴이 단연 최고다. 이는 타고나는 면이 크지만, 오랜 훈련으로 만들어갈 수도 있다. 마음이 얼굴을 만들 수 있기 때문이다. 여기서 잠깐, 관상 이야기를 하고 넘어가자.

정신의 움직임은 모두 얼굴에 기록된다

얼굴은 우리 몸에서 가장 높은 곳에 위치하고 밖으로 드러나 있기 때문에 상당히 중요한 의미를 갖는다. 이른바 천天의 요소인바, 여기에는 많은 의미를 함축하고 있다. 여성의 경우, 최우선적으로 얼굴에 아름다움이 나타난다. 남녀 불문하고 누구나 얼굴에 품격이 나타난다.

우리의 얼굴에는 표피의 바로 아래에 16개의 주요 표정근이 자리 잡고 있는데, 이것이 움직임으로써 다양한 표정을 지을 수 있다. 불과 16개의 근육일 뿐이지만 이것이 만들어낼 수 있는 모습은 실로 엄청나다. 온 우주의 별보다 많으며, 모든 사막의 모래알 수보다 많다.

이는 과장이 아니다. 16개의 근육은 각각 다양한 상태를 유지할 수 있는데, 적게 잡아 3가지 상태로 본다고 해도 이를 합산하면 48가지이고, 다시 이를 서로 조합하면 48계승(階乘, factorial)이 된다. 그러므로 인간이 지을 수 있는 표정의 가짓수는 우리가 상상할 수 없는 거대한 숫자 ($48 \times 47 \times 46 \times 45 \times 44 \times \cdots \times 1$)에 이른다.

우리의 모든 마음 상태를 함축하고 있는 것이 바로 표정이다. 마음의 상태란 뇌의 상태일 수도 있고 영혼의 상태일 수도 있는데, 어쨌거나 정신의 움직임은 모두 얼굴에 나타난다. 오늘날 과학자들은 얼굴을 보고 그 사람의 심리상태를 읽어내는 연구를 한창 진행하고 있다. 상당한 성과를 내고 있는데, 동양에서는 일찍이 얼굴을 판별할 수 있는 기술을 개발시켜왔다. 이른바 관상이다.

얼굴에는 영혼의 상태가 투사되기 때문에 이로써 미래나 과거를 알수 있다. 여기서 과거란 얼굴에 정착된 특정한 상태로서, 인품이나 성격 등 그 사람의 역사를 말한다. 그리고 미래란 운명의 흐름을 뜻한다.

얼굴을 보고 심리상태를 알 수 있다는 것은, 관상법을 몰라도 아주 자명하다. 범죄수사관들은 얼굴을 보고 범인을 추측해낼 수 있고, 교육자들은 아이들의 얼굴을 보고 거짓말하는 아이를 짚어낸다. 연애의 귀재들은 여자의 표정만 봐도 그 깊은 속내까지 알아낸다. 이들이 축적된 경험이나 감感에 의해 그런 것을 알아낸다면, 관상의 대가는 얼굴에 존재하는 천변만화千變萬化를 읽어내고 그것의 주역적 의미를 밝혀낸다.

얼굴의 뜻은 실로 무한하다. 하지만 그것은 64가지의 유형으로 분류할 수 있고, 그것으로 운명을 판단할 수 있다. 사람의 얼굴은 시간이 지나면서 차츰 변해가지만 성향에 따라 특정한 모양으로 정착한다. 때문에 얼굴에는 많은 것이 드러나고 흔적이 남을 수밖에 없다. 마치 생물학자들이 연구하는 고대 화석과 같다. 화석을 통해 생물의 진화과정을 알 수 있는 것처럼, 얼굴은 마음의 역사를 보여준다. 그러니 사람을 알고 싶다면 그의 얼굴을 유심히 살펴보면 된다.

운명이 확실히 나빠지는 관상

이 책은 관상 책이 아니니, 여기서 그 기법을 일일이 다 소개할 수는 없다. 다만 한 가지만 얘기해보겠다. 가장 재수 없는 얼굴은 어떤 얼굴일까? 정말로 운명이 확실히 나빠지는 관상 말이다. 쉽게 얘기하자. 그것은 바로 과장된 얼굴이다.

과장? 이것은 말할 때나 행동할 때 쉽게 드러난다. 별 일 아닌 것을 가지고 크게 놀란 표정을 짓는다거나, 침을 튀기면서 '따따부따' 얘기한다거나, 이유 없이 눈동자를 심하게 굴린다거나, 몸을 쥐어짜거나, 공연히 웃거나, 괜히 두리번거리는 것이 과장된 행동이다.

필요 이상으로 무언가에 도취되어 있거나, 눈을 감고 이상하게 폼을 잡거나, 얼굴을 괜히 찡그렸다 폈다 반복한다거나, 일부러 뻔뻔한 표정을 짓는다거나, 남이 말하려는 것도 아닌데 말을 막거나, 자기감정을 지나치게 과장해서 드러내거나, 과도하게 덤벙댄다거나, 일부러 어렵게 표현하거나, 자기 말에 남이 감동했는지 안 했는지 살핀다거나, 일없이 하늘을 자주 본다거나, 저 혼자 굳게 입을 다물고 과장스럽게 고개를 끄덕이거나, 정치인도 아닌데 자주 언성을 높이거나, 같은 말을 여러 번 반복하거나, 남의 얼굴을 빤히 바라보거나, 공연한 자부심을 나타내거나, 티 나게 겸손한 척하거나, 혼잣말을 하면서 심하게 울고 웃거나, 마치 자기가 위대한 사람인 양 으스대거나, 비웃는 표정을 자주 짓거나, 말을 꿀꺽꿀꺽 삼키거나, 말하는 도중에 남의 어깨를 두드리거나, 오래 상상하는 척하거나, 음성의 높낮이가 고르지 못하고 지나치게 변화가 심하거나 등등, 얘기하자면 한도 끝도 없다.

택풍대과

풍택중부

말이든 표정이든 지나치게 과장하는 사람은, 얼굴에 그 성향이 굳어져 나타나게 되어 있다. 절도가 없고 왠지 비굴해 보이며, 요동치는 것처럼 보인다. 이런 사람은 천해 보이고 신뢰가 가지 않는다. 한마디로 아주 재수 없는 관상인 것이다. 주역의 괘상으로 택풍대과澤風大過인데, 이는 지나쳐서 자루가 터진다는 뜻이다. 인생이 산산조각 나는 것이다. 이런 사람은 곳곳에 위험이 도사리고 있고 차츰 친구를 잃어갈 수밖에 없다.

그렇다면 가장 귀한 얼굴은 어떤 모습일까? 그것은 잔잔한 호수 같은 모습이다. 굳어 있지도 않고 요동치지도 않는다. 침착하고 꾸밈이 없다. 자중자애하며 적당히 반응하고 적당히 행동한다. 이른바 자연스러운 모습인데, 결코 쉬운 것은 아니다. 수양이 깊은 사람이나 가능한 일이다.

주역의 괘상으로는 풍택중부風澤中孚인데, 군자의 모습이 이렇다. 괘상은 뜻을 품고 있다는 의미인데, 깊은 내면이 있고 밖으로는 삼가는 모습이다. 언제 어디서나 조화를 이루는 사람은 이런 모습으로 변해간다. 운명이 순탄하고 부귀영화를 누릴 것이다.

처세에 있어 얼굴은 제일 먼저 내밀 수 있는 간판과 같은 것이다. 미모를 얘기하자는 것이 아니다. 마음을 고귀하게 갖춰 겉으로 드러날 정도가 되어야 한다는 것이다. 링컨은 "사람은 40세가 넘으면 자기 얼굴에 대해서 책임을 져야 한다(Every man over forty is responsible for his face)." 고 말했다. 자신의 운명은 자신이 만든다는 뜻이다. 우리는 어떤 사람을 만날 때 항상 그 사람 속에 내재된 뜻을 이해하기 위해 노력해야 한다. 그러면 남뿐 아니라 나 자신의 모습도 더 아름답게 가꾸어나갈 수 있다.

얼굴을 고쳐 운명을 바꿀 수 있나?

요즘은 의학기술이 눈부시게 발달한 덕분에 얼굴마저 개조할 수 있게 되었다. 이는 인간에게 큰 축복이 아닐 수 없다. 얼굴은 태어날 때 하늘로부터 부여받는 것인데 이를 후천적으로 고칠 수 있다니…, 인류의 문명은 가히 신의 영역에 접근해가는 것 같다.

결과가 성공적이라면 성형수술이 운명적으로 나쁠 이유가 없다. 단지 부작용이나 역효과가 문제다. 의료사고가 난다거나 성형수술 후에 오히려 아름다움이 사라지는 등의 문제는 제쳐두고, 잘못하면 운명에 문제가 발생할 수도 있다. 얼굴이 변하면 운명도 변하는 것은 틀림없다.

그래서인지 어떤 사람은 운명을 바꾸려는 목적으로 성형수술을 하기도 한다. 실제로 우리나라의 한 남자 대통령도 그런 이유로 성형수술을 한 적 있다. 여성의 경우는 대부분 미모를 향상시키기 위해서 성형수술을 한다고 알려져 있는데, 의외로 적지 않은 사람들이 운명을 고치기 위해 얼굴 개조에 나선다. 그런데 이런 경우는 더더욱 조심해야 한다. 얼굴을 고쳐서 운명이 나아지는 경우도 있지만, 그렇지 않은 경우도 있기 때문이다. 사람마다 다르지만, 공통적으로 주의해야 할 점을 몇 가지만 이야기해보자.

택천쾌

수화기제

풍천소축

천산돈

첫째, 얼굴에서 눈을 기준으로 위쪽의 점은 모두 제거해야 한다. 이마에 남은 상처나 흉터도 말끔히 없애야 한다. 필요하면 성형수술을 해서라도 말이다. 앞에서 얼굴은 하늘이라고 했는데, 이마는 하늘(얼굴) 중에서도 하늘天中天이기 때문에 운명적으로 의미가 많다. 눈 위쪽에 흉터나 점이 있다면 택천쾌澤天夬 괘상에 해당하는데, 이는 추락을 상징하기 때문에 아주 위태롭다.

둘째, 코와 가까운 곳에 있는 점을 제거해야 한다. 이는 풍천소축風天小畜으로서 재앙이 도래한다는 뜻이 있다.

셋째, 턱에 큰 상처가 있거나 점이 많으면 천산돈天山遯이 되어 아주 흉하다. 이 괘상은 관재수 또는 심각한 고립을 상징한다. 얼굴형에 따라

216

천뢰무망

턱이 지나치게 작은 사람도 있는데 이런 경우 교정이나 수술도 고려해볼 만하다.

넷째, 인중 혹은 인중 주위에 있는 흉터나 점도 나쁜데 이는 천뢰무망天雷無妄으로서 낙오된다거나 갑작스런 사고를 당한다는 뜻이 있다.

다섯째, 코를 높이는 수술에 대해 물어보는 사람이 많은데, 주저앉은 콧대를 세우거나 휘어진 콧날을 곧게 하는 수술은, 부작용만 없으면 해도 좋다. 곧고 우뚝한 코는 운명에 유리하다.

여섯째, 쌍꺼풀수술은 대체로 운명에 유리하다. 간혹 수술의 결과로 지나치게 두꺼운 쌍꺼풀이 생기거나 전체적으로 부자연스러운 경우는 미적으로 보기에 좋지 않을 수 있으니 얼굴에 따라 잘 판단해야 한다.

일곱째, 보톡스를 통해 주름을 없애는 시술은 가급적 늦게 하는 게 좋다. 내 생각에는 60세 이후에 하는 것이 좋을 것 같다.

여덟째, 눈썹을 다 뽑고 문신을 하는 것은 최악이다. 괘상으로는 풍천소축風天小畜인바, 재산 낭비가 심해지고, 인생에 할 일이 없어진다.

간략하게 8가지 정도만 살펴보았다. 성형수술 외에도 얼굴에 변화를 줄 수 있는 방법이 있다. 바로 화장이다. 여성은 화장을 잘하면 좋은 운명을 맞이할 수 있다. 화장을 해서 아름다우면 이는 아름답게 태어난 것에 버금간다. 화장은 일시적인 성형이므로 하는 게 훨씬 낫다.

뇌천대장

화천대유

천화동인

예를 들어 속눈썹을 붙이면 명예와 권위가 향상될 수 있다. 괘상으로는 뇌천대장雷天大壯인데, 이는 하늘 위에서 크게 위엄을 떨친다는 뜻이 있다. 피부화장으로 안색을 밝게 하고 약간 홍조를 띠게 하는 것은 화천대유火天大有로서, 이는 위대해진다는 뜻이다. 존경받는 운명이 된다.

여러 부위 화장 중에 입술 화장은 아주 중요하고, 잘만 하면 운명에 매우 유리하다. 이는 천화동인天火同人의 괘상에 해당되는데, 귀인을 만나고 하늘의 섭리에 가까워진다는 뜻이다. 얼굴은 몸과 영혼이 만나는 곳으로서, 잘 살피고 경영하면 큰 이익을 얻을 수 있다.

수백 권의 책보다 나은 자녀교육의 지혜

아이들은 필연적으로 자라서 어른이 되므로, 처음부터 제대로 인간이 되어가는지 잘 살펴볼 필요가 있다. 요즘 우리나라 청소년들은 상당히 문제가 있어 보인다. 그들은 지나치게 이기적이어서 협동하지 않고 특히 어른에 대한 공경심이 없는 듯하다.

이런 아이들은 자라면 어떻게 될까? 어른을 더욱 무시하고 나아가서는 부모를 내팽개칠 것이 분명하다. 주위를 둘러보면 수많은 어른들이 아이들로부터 소외당하며 외로움을 겪고 있다. 사회도 마찬가지다. 젊은이들은 나이 든 사람을 무시하고 깔보며 불평한다. 그리고 윗사람들과의 소통을 등한시한다. 윗사람들도 잘해야겠지만 아랫사람도 마음을 열어야 소통이 이루어지는 것 아닌가? 서로 상대방만 탓해서는 소통이 될 리 없다.

독자 여러분들 중에도 집에 자녀가 있는 분들이 있을 것이다. 그 아이들은 커서 어떤 사람이 될 것 같은가? 지금은 그 아이들을 애지중지하며 기르고 있을 테지만, 장차 그 아이들은 부모의 은혜를 저버리고 자신만의 길을 갈 것이다. 그 누구도 자기 자식이 나쁜 쪽으로 성장하고 있는 줄 모른다. 사랑이라는 들보가 시야를 가리고 있기 때문이다. 하지만 교육 없는 사랑은 나쁜 어른을 양산하는 행위에 지나지 않는다.

교육! 이것이 필요하다. 좋은 학교에 보내고 건강을 돌보는 등 외적인 성장을 뒷받침해주는 것만이 다는 아니다. 특히 요즘 우리 사회는 아이들을 점점 나쁘게 만드는 풍토가 조성되어 있다. 이런 사회에서는 조금만 신경을 쓰지 않아도 금세 아이들이 나쁜 어른으로 자라고 만다.

이것을 완화시켜주는 방법이 있다. 아이들에게 심어줄 좋은 습관이 있다는 말이다. 아이들은 집안 어른에게 먼저 배우고 그다음에는 사회로부터 배운다. 그렇기 때문에 어른들이 말보다 행동으로 먼저 보여주면 아이들은 따라오게 되어 있다. 인격 없는 어른이 인격 없는 아이를 기른다는 것은 자연스러운 귀결이다. 그래서 아이들 앞에서는 인격을 보여주도록 애써야 한다.

하지만 사회가 아이들에게 입시경쟁이나 스펙 쌓기 같은 나쁜 훈련을 시키고 있으니, 이를 어찌하면 좋을까? 나는 운명 전문가로서 수십 년 동안 무수히 많은 아이들이 성장하는 것을 봐왔다. 그들이 필연적으로 나빠지는 것을…. 여기에 방비책이 필요하다.

그래서 나는 3가지 방안을 제시하고자 한다. 아이들이 나빠지지 않도록 착한 백신을 투여하겠다는 것이다. 이것은 독자 여러분들에게만 알려주는 특별한 교육정보다. 어른이라 하더라도 필요한 것이니 심각하게 받아들이고 참고해보길 당부하고 싶다.

3가지 습관 중 첫째는 서예다. 이것을 하다 보면 신중함이라는 덕목이 갖춰진다. 행동하기에 앞서 자신을 되돌아보는 습관이 생긴다. 사람이 의리가 없는 것은, 거의 다 신중하지 못하기 때문이다. 서예는 동양의 정신을 일깨워주는 훈련으로, 요즘 서구식 식생활과 생활방식이 주는 악영향을 감소시키는 데도 효과가 있다. 아이들에게 서예를 가르치면 일찍 철이 들고 인격적으로 성숙해진다.

둘째는 바둑이다. 사람은 모름지기 바둑을 배워야 한다. 바둑은 사람을 강하게 만들고, 말을 조심하게 만든다. 특히 얄팍한 지식을 자랑하는 버릇을 고칠 수 있다. 흔히 알고 있는 것처럼 바둑의 목표는 지능개발이 아니다. 강한 사람이 되기 위해서 바둑을 두라는 것이다. 바둑은 무술보다도 더 사람의 정신을 강하게 만든다.

약자는 비겁한 자다. 그래서 마음이 약한 자는 항상 배신을 꿈꾼다. 공자도 바둑에 대해 이렇게 말한 바 있다. "아무것도 하지 않을 바에는 바둑을 두는 게 낫다以奕爲爲之猶賢乎己." 뭔가 아주 대단한 취미활동을 하고 있지 않다면, 당장 바둑을 배워야 한다.

셋째는 태극권太極拳이다. 태극권은 신체를 단련하고 마음을 가라앉힌다. 행동이 조화로워지고 마음이 침착해지며 실천력이 높아지고 시야가 넓어진다. 또한 윗사람에 대한 공경심이 높아진다. 참고로 태권도와 태극권은 다르다. 태권도는 건강을 증진시키거나 승부근성을 키우는 데 도움이 되지만, 태극권은 아름다움, 고요함, 효심 등 정신적인 측면을 단련할 수 있다. 태극권 도장은 인터넷에 찾아보면 나온다.

위의 3가지는 현재 어른이 된 사람에게도 필요하지만 아이들의 장래를 위해서 절실히 필요하다. 이 3가지를 할 줄 아는 아이들은 장차 어른이 되어 주위 사람들과 잘 지내고 스스로 좋은 운명을 개척할 수 있다.

참고로, 나는 애석하게도 서예를 못 배웠다. 필요한 줄은 알았지만 시기를 놓쳐버렸기 때문이다. 그래서 서예를 대신할 수 있는 것을 뒤늦게 찾았다. 서예보다는 쉽지만, 서예를 배울 때 단련시킬 수 있는 그 정신을 얻을 수 있는 것이다. 바로 바이올린 연주다. 그러나 바둑을 대신할 수 있는 것은 이 세상에 아무것도 없다. 바둑은 인간이라면 누구나 반드시 배워야 하는 것이다. 태극권도 그에 버금간다.

중요한 순서를 정해보자면, 첫 번째는 단연코 바둑이다. 두 번째는 태극권이고, 세 번째는 서예다. 이 3가지를 다 갖추면 아이들 교육은 일단 성공한 셈이다. 영어나 수학은 그다음에 할 일이다. 그런데 한 가지

덧붙일 것이 있다. 아이가 악기를 배우고 익힌다면 그것은 서예를 대신할 수 있다. 음악도 서예 못지않게 인간의 심성을 곱게 만든다.

위의 3가지 중에 하나도 못 갖춘 아이는 나쁜 어른이 될 확률이 크다. 나는 분명히 그렇게 생각한다. 맹자는 이렇게 말했다.

"행동이 마음을 고친다."

氣壹則動志也

위의 3가지 습관을 습득하는 것은 수많은 책을 읽은 것보다 낫다고 다시 한 번 강조하고 싶다.

계획 없는 곳에 의외의 발전이 있다

예로부터 사람을 가려 사귀라는 말이 있었다. 이는 못된 사람과 사귀지 말라는 뜻이다. 앞에서 말했듯이 공자도 "말 안 할 사람과는 말을 하지 말라."고 하며 좋지 못한 사람과 사귀면 안 된다고 가르쳤다. 또 다른 옛말도 있다. 그 사람의 됨됨이는 그가 사귀는 사람들을 보면 안다고⋯. 덜된 사람은 그런 사람들끼리 어울리는 것이니 그 무리를 보면 단번에 모두 알 수 있다는 뜻이다. 유유상종이라는 말이다.

정말 그런가? 방금 내가 한 말은 얼핏 보면 당연해 보인다. 요즘 말로 '영양가 있는 사람만 만나라'는 것인데, 과연 그것이 옳을까? 성인도 그렇게 말했고, 옛말이 그렇게 가르치고 있으니 당연한 것 같다. 하지만 위에서 나온 말들은 영양가 있는 사람만 골라서 만나라는 뜻이 아니다. 덜된 놈과 사귀지 말라는 뜻인데, 이것은 그런 사람을 아예 만나지 말라는 말과는 다르다.

대부분의 사람들은 상대방을 만나기 전에 그 사람을 가늠해본다.

'내가 왜 이 사람을 만나지? 그 시간을 들여서 내가 얻는 게 뭐지? 별 볼 일 없는 사람인데 내가 왜 만나지? 만날 만한 사람이기는 하지만 좀 귀찮은데? 그럼 다음에 만나도 되겠지? 그 사람 만나봐야 뻔하잖아?'

이런 식이다. 이와 같은 생각은 대체로 계산이 빠르고 손해 보기를 싫어하는 사람들이 가지고 있는 것 같다. 며칠 전에 나는 L로부터 질문을 받았다. 아니, 질문이라기보다 L의 주장을 들은 것 같다. L은 나와 오래 알고 지낸 사람이다.

"선생님, 누가 만나자고 할 때 그 사람을 만나지 않고, 그 시간을 아껴 좀 더 나은 사람을 만나는 것이 좋지 않을까요?"

L은 실제로 이런 생각을 가지고 사람마다 만나는 시간을 정하는 것 같았다. 즉 시간낭비를 없애려고 굉장히 애쓰는 사람인 것이다. 다시 말해 완전히 효율적인 삶, 1초도 낭비하지 않는 삶을 살겠다는 뜻이다. 이 사람은 자신이 앞으로 써야 할지도 모르는 시간에 대해서까지 치밀하게 계산하고 있었다. 때로는 이미 약속한 것도 효과가 분명치 않다 싶으면 그것을 지키지 않았다. L은 인생이 짧다는 것을 알아서인지 효율을 많이 따지는 것 같았다.

이것이 과연 옳은 태도일까? 결론부터 말하면, L은 언젠가 벼락 맞을 가능성이 아주 크다. 이에 대해 포괄적으로 고찰해보자.

인생에 언제 어떤 식으로 성공할 것인지가 미리 정해져 있을까? 또한 미래의 성공을 현재 알 수 있을까? 자연계를 예로 들어 설명해보겠다. 진화는 예정되어 있었을까? 이 문제는 생물학에서 오래 전부터 연구해왔다. 미래는 불확실하다는 것, 진화는 돌연변이에 의해 이루어졌다는 것이다.

우리의 미래도 마찬가지다. 예기치 않았던 곳에서 엉뚱한 발전이 불쑥 나타난다. '돌연변이'라는 뜻이다. 이 말은, 사람은 반드시 모든 방향으로 길을 열어두어야 한다는 속뜻을 품고 있다. 미래를 지나치게 재고 따져서 걸어가는 것은, 효율을 높일 수는 있겠지만 자기 자신을 벗어나기는 힘들다. 즉 현재 상태를 벗어나 생각지도 못했던 큰 행운을 꿈꿀 수 없다는 뜻이다. 사람은 시행착오라는 것을 해봐야 한다.

계획과 절약은 좋다. 하지만 오로지 그런 식으로 계산하며 산다는 것은 폐쇄적인 인생이다. 돌연변이가 없는 인생, 판에 박힌 인생, 자기 한계를 뛰어넘지 못하는 인생이 될 수밖에 없다. 세상은 기찻길 위를 가듯이 살아가서는 안 된다. 언제 어디서든 예외가 있어야 하고 새로운 가능성을 열어두어야 한다. 나는 전작 《돈보다 운을 벌어라》에서 독자 여러분에게 복권을 사라고 권했다. 사행심을 조장하려는 게 아니라, 크든 작든 행운이 들어올 통로를 열어두라는 의미였다.

인생의 시간을 반드시 효율적으로 써야 하는 것이 아니다. 오로지 효율이 전부는 아니라는 말이다. 이유는 3가지다. 첫째, 도대체 무엇이 효율적인지 인간은 절대 알 수 없다. 둘째, 생각할 수도 없고 생각해보지도 않은 그 어떤 새롭고 의외적인 길을 항상 열어두어야 한다. 그래야만 전기가 통하듯이 운이 내 인생에 찾아와 흐른다. 셋째, 자기 변화를 위해 계획되지 않은 곳으로도 뛰어들어봐야 새로운 기회를 잡을 수 있다.

시간투자는 반드시 모험과 낭비가 있어야 한다. 매번 그러라는 것은 아니다. 종종 그렇게 하면 된다. 완벽하게 계획을 짜고, 그것에 맞춰 사는 사람은 어리석다. 신도 그렇게 살지 않는다. 진화는 자유롭고 때로는 어리석기까지 한, 무질서한 곳에서 발생하는 법이다. 우리의 과거를 돌아보자. 모든 것이 내가 예측한대로 되어왔던가! 사람은 계획 없는 곳에서 오히려 발전한다.

그래서 옛 성인이 말했다.

"날마다 새로워져라."

日新又日新

새로워진다는 것은 자기가 늘 해왔던 방식을 반성하고 고쳐보라는 뜻이다. 공자도 이렇게 말했다.

"생각하되 배우지 않으면 위태롭다."

思而不學則殆

자기 혼자만의 생각을 아무런 외부 검증 없이 영원히 실천한다면 이는 아주 위태로운 운명이다. 그래서 꽉 짜인 사람은 한마디로 흉하다.

대자연의 법칙은 때로 단단한 것을 혹독하게 공격하는 법이니 시급히 부드러움을 갖추어야 한다. 재물에 대해 인색한 사람은 반드시 큰 손해를 볼 것이고, 시간에 대해 지나치게 인색한 사람은 일찍 죽거나 큰 사고를 당할 수 있다. 늘 그렇듯이 하늘은 지나침을 벌준다.

L을 만나고 며칠 뒤에 나는 그와 똑같은 사람인 M을 만났다. M은 자신이 과거에 대부분 계획대로 살아왔다고 말하면서 심각하게 후회하고 있었다. 미래도 그렇게 될 것이라고⋯. 과거에 M은 시간을 너무나 아끼며 살았고, 도무지 '파격'이나 '유연함'을 모르고 살았다. 이제 그 잘못을 깨닫고 있는 것이다.

못된 사람을 깊이 사귈 필요는 없지만 만나볼 필요는 있다. M은 사람을 골라 사귀면서 인간관계의 영역이 안정되었다. 안정되었다는 말은 제한된 인간관계 내에만 머물렀다는 의미다. 그러나 살다보니 돌파구가 사라졌고 앞길도 점점 막히게 되었다. 그 점을 깨달은 후 그는 파격과 모험, 자유를 인생에 도입했다. 이로써 B는 인생의 폭이 높아지고 성공의 가능성도 넓어질 것이다.

이에 대해 나도 반성했다. 아무리 힘들고 바쁘더라도 처음 보는 사람들에게 시간을 좀 더 할애하자고⋯. 지나간 나의 인생을 되돌아보니, 효율을 추구하다가 비효율의 나락으로 떨어진 적도 있었던 것 같다. 분명 어리석은 일이었다. 싫은 곳에도 좀 더 가보고, 영양가 없는 사람도 좀 더 만나고, 어리석어 보이는 사람의 의견도 좀 더 들어보고, 남이 원하는 대로 시간을 좀 더 써보고…. 이렇게 살기로 반성하고 또 반성했다. 그리하여 날마다 새로워지기를….

좋은 인상을 남기고 끝내라

진화생물학자들의 연구에 의하면, 우리 인간은 말을 하기 전부터 음악적 감각이 있었다고 한다. 물론 오늘날처럼 악보를 갖춘 형태는 아니고 머릿속에서 아련히 움직이는 어떤 리듬 같은 형태였을 것이다. 이것은 곧바로 흥이 나는 몸동작으로 이어져 춤이 되었고, 인간 역사에 문화적으로 정착되었을 것이다.

음악과 춤은 인간의 여러 본능들과 마찬가지로 선천적인 것이다. 인류는 이것을 발전시켜 악기와 악보를 만드는 등 고도의 체계를 갖추었다. 동물에게도 음악과 춤에 대한 본능이 있는데, 이는 그저 소리를 지르고 몸을 흔드는 정도라고 한다.

그런데 왜 이런 것들이 생기게 되었을까? 리듬이 생명활동에 커다란 이익을 주기 때문에 진화과정에서 선택된 것이다. 생명체는 리듬으로 가득 차 있다. 소위 '생체리듬'이라고 하는 것인데, 이것이 무너지면 건강에 즉각적으로 문제가 생긴다.

사회가 복잡해짐에 따라 인간의 리듬은 공격을 받게 되고, 그것을 보호하기 위해 노래가 등장했다. 노래는 생명체 속에 흐르고 있는 리듬을 확인하고 발산하는 역할을 한다. 복잡하게 얘기할 것도 없이, 노래는 신체적, 정신적 건강에 도움을 주는 것이 확실하다.

'흥'이라는 것은 잠자던 생체가 리듬을 회복하고자 하는 본능이다. 오늘날에는 노래방이라는 것이 생겨 쉽게 흥을 고조시킬 수 있다. 노래방은 쉽게 접할 수 있는 흥의 문화인데, 사회생활에서 중요한 부분이 될 때도 있다. 이 부분을 고찰해보겠다.

노래방은 아무 때나 가고 싶은 것도 아니고, 아무하고나 가고 싶은 곳도 아니다. 하지만 일단 노래방으로 향하게 되면, 그 목적은 합심해서 흥을 돋우고자 하는 것이다. 동행하는 사람은 어떤 면에서든 소중한 사람임에 틀림없다.

나는 오래전 신문기자 Y와 어울려 노래방에 간 적이 있었다. 술을 약간 마신 후였고, 흥을 더욱 돋우려고 찾아간 평범한 자리였다. Y가 먼저 마이크를 잡고 노래를 시작했다. 이어 몇 사람이 노래를 부르고 한 바퀴 돌아 마지막으로 나도 노래를 한 곡 불렀다. 그리고 다시 Y의 차례가 되자, Y는 기다렸다는 듯이 내가 들고 있던 마이크를 빼앗았다. 한 곡 부르더니 홍이 나서 한 곡을 더 불렀다. 여기까지는 흔한 광경이다. 그런데 Y는 옆 사람에게 마이크를 넘기더니, 그 사람이 노래를 끝내자마자 자기가 한 곡 더 부르겠다고 마이크를 독차지했다.

그다음부터는 계속 Y 혼자서만 리사이틀을 했다. 다른 사람들은 아예 못 부르게 하고 혼자 노래를 계속했다. 옆사람이 부르겠다는데도 일언지하에 거절했다. 자기보다 노래를 못한다는 이유였다. 물론 Y는 노래를 잘하는 편이어서 구경을 하기에 나쁘지는 않았지만, 다른 사람들은 이미 홍이 깨지고 말았다.

나는 영문을 몰라 상황을 지켜보고 있었는데 Y가 말했다. 오늘은 자기가 노래방 비용과 술값을 모두 지불할 테니 다른 사람들은 자기 노래를 듣기만 하라는 것이었다. 이래도 되는 건가? 안 된다! Y는 나쁜 사람이다. 여러 사람이 만류했으나 막무가내였다. 그 후 그곳에 모였던 사람들은 앞으로 절대 Y와는 노래방에 가지 않겠다고 결의했다.

또 다른 예를 들어보자. J인데, 이 사람은 남에게 노래를 잘 권하고, 누구나 동등하게 노래를 부를 수 있도록 마이크를 통제했다. 그런데 이상하게도 자기 차례가 되었을 때는 남에게 양보하고 마이크를 돌렸다. 일행들은 대수롭지 않게 생각하고 돌아가면서 즐겁게 노래를 불렀다. 그렇게 세 바퀴가 도는 동안, J는 여전히 남의 노래를 열심히 들어주고 있었다.

나는 이때 속으로 생각했다. J는 노래를 부르는 것을 싫어하거나 잘 부르지 못해서 그러는 것이라고…. 그러나 다 같이 흥겨운 자리에서 한 사람만 빼놓는 것은 예의가 아니어서 한번 권해보았다. 그러자 J는 흔쾌히 마이크를 받았고 노래를 골랐다.

그런데 J가 노래를 시작하자 모두 놀랐다. 노래실력이 웬만한 가수보다 뛰어났기 때문이었다. 거의 프로의 경지였고, 누가 봐도 아주 훌륭했다. J는 그토록 노래를 잘하는데도 뽐내지 않고 남의 마이크를 빼앗지 않았던 것이다. 그날 우리 모두는 J의 노래솜씨와 인품에 크게 감동을 받았다.

여기서 생각해보자. 대개의 사람들은 노래를 좋아하면서도 노래실력을 높은 경지에 이르도록 훈련하지 않는다. 그저 평범한 정도로, 평생 똑같은 수준으로 불러댄다. 이래도 좋은가? 안 된다. 노래를 하려거든 아주 훌륭해지도록 연마해야 한다. 학원을 다니거나, 프로에게 사사하는 것도 좋다. 어떻게든 노래실력을 갈고닦아야 한다. 왜냐고? 노래를 잘하면 매력이 생기기 때문이다.

그리고 자신이 노래를 아주 잘하고 좋아한다 하더라도 남의 흥겨움을 빼앗아서는 안 된다. 노래와 흥은 인간의 본능이다. 이 본능은 우리에게 행복감을 준다. 그런데 나만 즐겁자고 남의 행복을 가로채서는 안 된다. 솔직히 노래방에서 혼자 노래 부르는 일은 사소하다면 사소하다.

하지만 남이 노래할 권리 혹은 기회를 빼앗는 것은 사소한 일이 아니다. 대단한 욕심꾸러기가 아닌가? 그런 사람과 함께 있으면 조화가 깨지고, 서로 즐길 수 있는 기회가 사라진다.

노래는 남에게 권해서 흥을 돋우어주고, 자신도 기꺼이 참석하는 것이 예절이다. 들어주고 권하는 것. Y는 필경 노래방 이외의 장소에서도 은근히 남의 권리나 기분을 묵살하는 사람일 것이다. 자세히 살펴보니 과연 그런 사람이었다. 나는 Y의 친구들이 그를 떠나가는 것을 실제로 보았다. 하지만 J는 달랐다. 그에 대해서는 누구나 그리워한다. 그는 여러 가지 면에서 진지하고 탁월한 사람이라서 당연히 친구가 많다.

인간의 본성은 은밀히 나타나는 법이다. 시끄러운 노래방이야말로 인품을 평가하기 좋은 장소이다. 그러니 나부터 조심해야 할 것이다. 나만 즐거워지고자 하는 본능은 최대한 억제하고, 가능하면 남의 흥을 북돋아주어야 한다.

그리고 제발, 노래를 훌륭하게 부르도록 노력하라. 매사에 실력을 높여가는 것이 올바른 인생길이다. 노래도 마찬가지다. 나의 매력을 남에게 보여줄 기회는 흔치 않다. 노래는 매력을 분출할 수 있는 좋은 기회다.

노래뿐만 아니다. 어느 자리에서든 사람을 대할 때 대충대충 건성으로 대하면 그 사람에게서 나는 잊혀지고 만다. '끝이 좋으면 다 좋다'는 말처럼, 좋은 인상을 남기고 끝내야 한다. 이것이 나중에 인맥으로 이어지지 않더라도, 사람에게 좋은 인상을 남긴다면 이는 복을 쌓는 행동이다. 인간이 하는 모든 행동은, 그것을 하늘이 평가하든 사람이 평가하든, 반드시 결론이 남는다. 그렇기 때문에 우리는 자신의 역량을 쌓아나가고 기회가 있을 때마다 그것을 충분히 발휘해야 한다.

물론 이렇게 노력하는 삶이 싫을 수도 있다. 되는 대로 살고 싶다고 해도 할 말은 없다. 하지만 내 생각에, 되는 대로 산다는 것은 무능함의 다른 표현일 뿐이다. 남들 앞에서 잘 보일 능력이 없기 때문에, 자신감이 없기 때문에, 만남이나 교류를 피하는 사람도 있다. 이것이 바로 대인기피증인데, 심하면 공포증으로 바뀐다. 끔찍한 일이다. 세상에 태어나서 인간이 인간을 두려워한다는 것은 행복한 삶을 포기하는 것이나 다름없다. 행복이란 애써 사람 앞에 나서야 하고, 거기에서 제대로 행동해야 얻어지는 것이다.

여성의 운명, 남성의 운명

오늘날은 분명 여성들이 더 살기 어려운 시대다. 사람 노릇도 해야 하고, 여자 노릇도 해야 하기 때문이다. '여자 노릇'이라는 말이 불쾌할 수도 있겠다. 여성 독자들을 불쾌하게 만들려는 의도는 아니니 양해해 주기 바란다. 여자 노릇이란 다른 것이 아니다. 우주의 아름다움을 책임 져야 한다는 뜻이다. 아름다움이란 온 우주에 존재하는 가장 중요한 가 치인데, 인간에게 있어서 그것은 여성의 몫일 수밖에 없다.

그렇다면 왜 아름다움이 여성의 몫인가? 일단 여성은 평균적으로 남 성보다 아름답다. 미적 감각과 안목이 뛰어나고 아름다움을 창조해내는 데 더 유리한 점이 많다. 실제로 생물학자 하워드 블룸Howard K. Bloom 은 '자연계가 여성을 훨씬 더 유리하게 만들었다'는 사실을 발견했다. 남 성은 천재지변과 같은 재앙을 맞이했을 때 여성보다 먼저 그것을 뒤집어쓴다. 전염병이 발생해도 남성이 먼저 죽고, 전쟁이 나도 먼저 죽는다. 기근이 발생해도 먼저 죽고, 태아 시절의 사망률도 남성이 훨씬 높다. 평균 수명도 남성이 짧고, 심지어는 인공적인 임신중절의 경우에도 죽게 되는 것은 대개 남성이다.

그래서 하워드 블룸은 '남성은 소모품'이라는 결론을 내렸다. 자연계의 모든 생물들은 오로지 암컷을 위해 존재한다. 한때 사람은 예외라는 학설이 있었으나 그것은 오류로 밝혀졌다. 인간 역시 여성 위주로 되어 있다는 것이다. 그뿐 아니다. 여성은 운명도 남성보다 훨씬 좋다. 신은 남성 편이 아니라 여성 편인 것처럼 보인다. 웃자고 하는 얘기가 아니다. 실제로 주역의 섭리에 의하면 '음극양陰尅陽'으로서 음(여성)은 대자연의 주인이다.

내가 하려는 이야기는 이것이다. 여성이 남성처럼 일도 하면서 아름다움까지 책임져야 하는 의무를 진 것에 대해 불평하지 말라는 뜻이다. 여성은 하늘로부터 아름다워야 한다는 명을 받고 이 땅에 태어났다. 그 대가로 하늘은 여성이 아름다워지려고 노력하면 복을 내린다. 고작(?) 아름다움을 갖추는 것으로 복을 받다니 이상한가?

사실이 그렇다. 주역의 섭리에 의하면, 하늘은 아름다움과 같은 편이다. 이러한 섭리는 천화동인天火同人이라는 괘상에 담겨 있다. '화火'는 아름다움으로서, 하늘을 향해 가고 있음을 뜻한다. 추한 것은 하늘로부터

천화동인

천수송

떨어지는 것으로서, 천수송天水訟이라는 괘상이 그 뜻을 말해주고 있다. '수水'는 추한 것으로 하늘로부터 배척받는다는 것이다. 좋은 운을 끌어당기려면 매력이 필요하다는 말은 다 이것 때문이다.

특히 여성의 운명은 아름다움을 가꾸는 것에서 시작된다. 마침 여성에게 그러한 본능이 있으니 그것에 충실하면 된다. 다만 미美를 갖추려면 제대로 갖추어야 한다는 것이다. 겉모습만이 아니라 그 속마음까지도 아름다워야 할 의무가 있다. 그렇게 하면 좋은 운명이 도래하게 되어 있다. 그리고 이것은 여자의 특권이다. 더 정확히 얘기하면 음의 특권이다.

음의 특권에 대해서는 주역이 아니더라도 생물학자들이 그것을 이미 밝혀내고 있다. 동물사회든 인간사회든, 풍요로울 때는 그 혜택을 여성이 먼저 받는다는 것이다. 그런 상황에서 여성은 미를 갖춤으로써 그 혜택의 기회가 극대화된다. 당연히 마음의 아름다움도 갖추어야 하는바, 잠시도 방심하면 안 된다.

그리고 여성의 아름다움은 특정인을 향해 발산하는 것이 아니다. 그렇게 하면 그것은 오히려 반감된다. 여성이 아름다움을 갖추고 만드는 목표는 인간이 아니라 하늘이다. 사람이 없는 곳에 가서도 아름다움을 위해 노력해야 한다. 그런 점에서 여성의 운명은 오히려 간단하다. 행복해지고 싶다면 아름다워지는 법을 터득하면 된다.

그렇다면 이제 남성의 운명에 관해 이야기해보자. 대자연에서 인간은 만물의 영장임에 틀림없다. 이는 인간이 지구의 '국가대표'라는 말과 같다. 인간 중에서도 특히 남성은 앞장서야 하는 존재다. 이 말은 남성이 여성보다 잘났다는 뜻이 아니다. 단지 모든 일에 앞장서야 한다는 말일 뿐이다. 일의 결과물을 누가 수확하든, 그 일을 누가 시켰든 상관없다. 남자는 자발적으로 나서서 자신의 역할을 해내야 한다.

이유는 간단하다. 남성은 양이기 때문이다. 우주가 생겨나기 전에 양은 저 스스로 먼저 출현했다. 이유가 있어서가 아니다. 그저 나선 것이다. 양이란 본시 이런 존재다. 이는 남을 뒤따르는 존재가 아니라 먼저 솔선수범한다는 의미다. 이는 주역의 섭리인데, 세상에는 반드시 시작이 있으므로, 이 시작의 역할을 맡은 것이 곧 양이다.

음은 세상의 균형을 맞추기 위해 양에 이어서 태어났다. 음은 양과 달리 이유가 있어서 태어났다는 뜻이다. 이유는 다름 아니다. 양이 만들어놓은 것을 거둬들이기 위한 것이다. 양이 생산하고, 음이 그 결과물을 받아들임으로써 우주는 균형을 이루게 된다. 이것을 소위 태극의 원리라고 하는데, 우주 제1법칙이다.

여기서 양과 음은 당연히 남성과 여성을 뜻하는 것이지만, 양과 음에는 더 큰 뜻이 포함되어 있다. 예를 들면 부모가 양이고 자식이 음이다. 군인이 양이고 국민이 음이다. 의사가 양이고 환자는 음이다. 지도자가 양이고 따르는 자가 음이다. 먼저가 양이고 나중이 음이다. 이 모든 경우에 양은 일을 벌이고 그 혜택은 음에게 돌아간다.

양이 원래 그런 것이니 남성들은 손해 본다는 생각을 하지 말아야 한다. 원래 양(남성)은 제멋대로 태어났기 때문에 세상에 보상해야 한다. 하늘은 남성으로부터 보상을 받아내기 위해 여성을 탄생시켰다. 이 모든 것은 세상이 영원히 존재하기 위해 정해진 법칙이다.

먼저와 나중의 차이

양(남성)의 뜻을 좀 더 분명히 하기 위해 한 가지 실험결과를 소개하겠다. 오래전 미국 산림청에서는 의미심장한 실험을 실시한 적이 있었다. 햇빛에서만 자라는 나무와 음지에서만 자라는 나무의 씨앗을 잘 섞어서 땅에 골고루 뿌렸다. 두 나무는 발아를 시작했는데, 음지식물은 자라지 못하고 양지식물만 자라났다. 당연한 일이었다.

양지식물은 계속 자라 숲을 이루었다. 이제 수풀이 생긴 것이다. 그러자 그늘에서 음지식물이 자라기 시작했다. 이들이 무럭무럭 자라 숲을 빽빽이 덮었다. 숲에는 극심한 음지가 생긴 것이다. 이때부터 양지식물이 죽기 시작했다. 그늘이 너무 짙어 못 견딘 것이다. 결국 양지식물은 다 사라졌다. 그러자 여기에 햇볕이 강하게 내리쬐기 시작했다. 당연히 음지식물은 차차 죽어갔다. 그러고는 햇빛만 남았다. 그때부터는 양지식물이 다시 자라기 시작했다. 이 과정은 계속 이어지고 있었다.

이 실험을 분석해보자. 양지식물은 자기 스스로 자라났다. 그리고 양지식물의 그늘에서 음지식물이 자라난 것이다. 양지식물의 혜택에 의해 음지식물이 생겨났다고 볼 수 있다. 그저 양지식물이 있어서 음지식물이 태어났다고 말해도 된다. 먼저와 나중의 차이일 뿐이다. 양지식물이 억울해할 필요가 없다.

그다음을 보라. 음지식물은 양지식물을 다 죽인 후에 자신도 죽었다. 그러자 음지식물을 비료로 삼아 양지식물은 더욱 잘 자랐다. 물론 그 이후에 음지식물이 더 잘 자랐다. 이 모든 과정은 음과 양이 서로 도와 대자연을 융성하게 하는 현상이다. 길게 보면 음과 양은 평등하다. 단지 양이 먼저 시작했기 때문에 음이 혜택을 본 것이다.

가정을 예로 들어보자. 부모는 돈을 벌어 자식을 키운다. 처음에는 자식이 부모로부터 공짜로(?) 혜택을 입었지만 그것을 자신의 후손에 베푼다. 대자연의 섭리는 이런 것이다. 과거는 미래에 유산을 남겨준다. 미래는 그 이후의 미래에 또다시 유산을 남긴다. 이 과정은 끝이 없다.

이제 양과 음, 즉 남자와 여자의 역할을 충분히 이해했을 것이다. 저마다 역할이 다른 것이다. 특히 남성의 역할에 주목하자. 남성은 앞장서야 한다. 인간의 대표로서 말이다. 굳이 남녀의 차이를 말하자는 것이 아니다. 먼저와 나중의 차이일 뿐이다.

남성은 모름지기 양의 역할을 잘해야 운명도 좋아지는 법이다. 친구와 만날 때도 먼저 밥값을 내고, 어디서든 자기 혼자만 이익을 보려고 해서는 안 된다. 양이란 본시 남을 먼저 살펴야 하는 것이다. 남자는 남자다워야 복을 받는다. 힘든 일도 먼저 나서서 하고, 누가 위험에 빠지면 목숨을 던져서라도 구하겠다는 정신이 필요하다.

공자는 이렇게 말했다.

"군자는 먹는 데 있어 배부름을 구하지 않고,

거함에 있어 편안함을 구하지 않는다."

君子 食無求飽 居無求安

여기서 군자란 양의 태도를 말한다. 먹는 것, 앉는 것조차 양(남자)은 남을 위하는 정신을 발휘해야 한다는 것이다. 의리나 신용, 신사도, 교양, 지혜, 용기 등 남성이 우선 갖추어야 할 덕목은 모두 양의 정신에서 나온 것들이다. 남성이 지나치게 자신의 이익을 앞세우는 것은 비겁한 짓이다.

남성에게는 희생이 따르기 마련이다. 희생이란 다름 아닌 남을 위한 선제적 배려다. 연애를 할 때도 남성이 여성을 잘 배려한다면 그는 멋진 남성으로 일컬어지고 높은 평가를 받는다. 그렇다고 어른 앞에서도 잘난 척하라는 것은 절대 아니다. 어른도 보호하고, 어린이도 보호하고, 친구도 보호하고, 세상도 보호하라는 말이다. 남자가 남자답고 여자가 여자다울 때 인류사회는 더욱 발전할 것이다.

먼저 인간들끼리 잘 지내자

인사동 어느 술집 앞에 가면 벽에 이런 글귀가 붙어 있다.

"종교 얘기 금지, 위 사항을 어기면 50년간 출입금지."

'와! 50년간 출입금지라니, 너무 심한 거 아냐?' 하고 생각했으나, 술집 주인 입장에서는 그만한 사정이 있었을 것이다.

이렇듯 사람과 사람이 만난 자리에서 종교 얘기가 나오면 분위기가 확 달라진다. 흥겨움은 사라지고 논쟁이 생기며, 급기야는 싸움판이 벌어질 수 있다. 이렇게 되면 술판마저 깨질 수밖에 없다. 그러니 50년 출입금지는 적절한 벌칙인 것 같다.

어쨌거나 종교란 개인에게는 매우 중요하지만 남에게까지 그것을 발설할 필요는 없다. "나는 ○○ 종교야."라고 폭로하는 순간, 그와 같은 종교를 갖지 않은 사람은 속으로 벽돌을 한 장 쌓아올린다. 사람과 사람이 만나는 좋은 자리에서 굳이 종교를 내세워 편을 가를 필요가 있는가!

연애를 할 때도 마찬가지다. 남녀가 만날 때 최고의 존재가치는 사랑인데, 그 이외의 가치를 주장하면 사랑의 열기는 사라진다. 사람의 만남은 서로를 인정해주고 가까워지는 데 의미가 있다. 종교는 개인의 신념일 뿐이다.

세상에는 수천 가지의 종교가 있는데, 누구나 자신의 종교가 최고라고 믿는다. 실제로 세상에서 가장 훌륭한 종교가 무엇인지는 아무도 모른다. 아직 판명이 났다고 볼 수 없기 때문이다. 물론 각자가 스스로 결론을 내렸겠지만, 타인에게까지 그것을 강요할 이유는 없다.

운명을 개선하기 위해서는 사람을 만나 화기애애한 분위기를 만드는 것이 급선무이다. 모임에 나가 종교를 주장하는 것은 큰 실례다. 설사 같은 종교를 가진 사람과 만나더라도 그 자리가 종교를 논하는 자리가 아니라면 실례다. 술 마시고 흥겹게 노는 자리에서는 심각한 얘기로 찬물을 끼얹는 것도 피해야 할 일이다.

이와 관련된 실화를 하나 소개하겠다. 아랍지역에서 종교전쟁이 있었다. 종교전쟁이란 원래 잔인하기 그지없다. 무조건 상대방을 죽이는 게 목적이다. 영토분쟁과는 많이 다르다. 이런 위험한 전쟁터에서 어떤 사람이 체포되었는데, 검은 복면을 쓴 무장군인이 총을 겨누며 물었다.

"종교가 무엇이냐?"

답은 둘 중 하나였다. 검은 복면을 쓴 군인은 어디에 속하는지 알 길이 없었다. 자신들과 다른 종교를 대면 즉시 총을 발사할 태세였다. 위험천만의 순간! 포로는 필사적으로 생각했다. 이 순간은 자신의 종교가 정말로 무엇인가는 중요한 문제가 아니다. 상대방의 종교를 알아내서 그대로 얘기해야만 한다. 군인들의 옷차림만 봐서는 전혀 낌새를 알아챌 수 없었다. 섣불리 점을 쳐볼 수도 없는 상황…. 포로는 대답했다.

"저는 관광객입니다!"

이 순간에는 어떤 종교도 밝힐 수 없는 상황이 아닌가! 이 사람은 종교를 말하지 않고 풀려날 수 있었다.

다른 일화도 있다. 사업설명회 자리였다. 두 회사가 경합 중이었는데, A라는 회사와 B라는 회사 대표가 각자의 상품을 설명했다. 설명을 듣고 있는 사람은 두 회사의 제품을 비교하고 선정할 수 있는 C라는 회사의 회장이었다. 이 사람은 속으로 A사를 결정해놓고 몇 가지 질문을 던졌다. 이때 A사의 대표는 큰 실수를 했다.

"저는 기독교인이기 때문에 거짓말을 못합니다."

웃으면서 한 얘기지만 이를 듣고 있던 C사 회장은 안색이 변했다. 속에서 불쾌한 생각이 떠올랐기 때문이다.

'여기서 종교 얘기가 왜 나와? 그럼 나는 기독교인이 아니라서 거짓말을 한다는 거야, 뭐야…?'

결국 계약은 B사와 체결되었다.

종교에 대해 누가 물으면 그저 "무교입니다."라고 대답하는 게 무난하다. 사교모임에서 굳이 종교를 밝히는 것은 남을 깔보는 느낌을 준다. '할 말이 그렇게 없단 말인가? 자기편을 여기서 구하겠다는 것인가? 상대방을 탐색하겠다는 것인가? 우리 모두 그 종교로 개종하라는 얘기인가? 다른 종교인은 나쁜 사람이라는 말인가? 왜 종교를 밝히라는 것인가?' 등등…. 종교 얘기를 꺼내서 좋은 결론이 나는 경우는 별로 없다. 그리고 인간세계에서 종교를 너무 앞세우면 화합은 존재할 수 없다.

앞에서 말한 인사동 술집에서는 정치 얘기도 금지시키고 있는데, 그것 역시 '50년 출입금지'다. 종교와 정치 얘기 외에도 밝힐 필요가 없는 사항은 아주 많다. 자기 아내의 몸매가 어떻다는 둥, 자기가 태어날 때 엄마가 무슨 태몽을 꾸었다는 둥, 자신은 돈이 없다는 둥…. 이 모두 공연한 말이다.

그중에서도 종교를 밝히는 것은 아주 끝장을 내자는 것이다. 인간의 종류를 가리고 등급을 매긴다는 것과 다름없기 때문이다. 신의 세계를 거론하지 말고 먼저 인간들끼리 잘 지내자. 회사에서 종교를 밝히면 진급에 지장이 생길 수 있고, 사교모임에서 종교를 밝히면 여자에게 소외당할 수 있으며, 친구 사이에 종교 얘기를 꺼내면 괜히 의가 상할 수도 있다. 독자 여러분께 종교 얘기를 꺼내서 죄송하다.

남을 축복해야 나도 축복받는다

이런 말이 있다. '출세하고 고향에 가지 않으면 비단 옷을 입고 산속을 거니는 것과 같다.' 이는 출세를 했으면 자랑을 하라는 뜻이지만, 자랑이란 것을 하지 않으면 출세의 기쁨이 반감된다는 뜻이기도 하다. 자랑이란 사람들 앞에 자신이 잘난 점을 내보이는 것이다.

남이 알아준다는 것은 정말 즐거운 일이다. 올림픽에 나가서 금메달을 땄는데 누구 하나 축하해주는 사람이 없다면 어떨까? 참으로 맥 빠지는 일이 아닐 수 없다. 영광榮光이란 남들이 알아주고 환영해줄 때 느끼는 영예를 뜻하는 말이다.

영광과 비슷한 것으로 '칭찬'이 있는데, 칭찬을 받을 때도 즐거움과 함께 자그마한 영광을 느낀다. 노래방에서 청중으로부터 감동의 박수를 받았다면 이것 역시 영광이고 출세다. 그 순간만큼은 인기를 끌고 자신

248

때문에 남까지 즐거워졌으니 보람을 느끼는 것이다. 게다가 자신의 매력까지 발산한 셈이어서 그 이후에도 두고두고 명성이 남는다.

'자랑스러움'이란 인생에 있어 없어서는 안 될 중요한 요소다. 사랑도 깊게 따져보면 상대방을 자랑(영광)스럽게 해주는 행위인 것이다. 사람은 누군가가 자기를 봐주지 않으면 고독하다. 특히 자랑스러운 순간에는 남들이 그것을 칭찬해주기를 바란다.

미용실에 가서 머리를 새로 단장하고 나왔는데, 남들이 그것을 보고도 전혀 눈치를 채지 못한다면 본인은 참 서럽다. '내가 예뻐 보이지 않나?' 하고 말이다. 누가 노래할 때도 그것을 듣고 박수를 쳐주지 않으면 흥이 확 사라진다.

인간은 누구나 칭찬받고 싶고 자랑스러운 사람이 되고 싶다. 그러므로 우리는 인간을 항상 자랑스럽게 만들어줘야 한다. 그것이 바로 인격이다. 남들이 자랑하고 싶을 때 그것을 외면하는 사람은 잔인한 사람이다. 사악한 인간이 아닐 수 없다. 공존이라는 사회의 논리를 무시한 것이다. 남이 기뻐할 때 김빠지게 만들면 안 된다. 그런 사람은 아주 재수없는 사람이다. 반면 별로 특별한 일이 아닌데도 대단한 일처럼 칭찬해주고 기뻐해준다면 상대방은 행복해진다. 남에게 행복을 주는 행동은 복을 짓는 행동이다.

남이 말을 할 때도 마찬가지다. 말이란 의사를 전달하기 위해서 하는 것이기도 하지만, 자랑을 하는 데도 쓰인다. 예를 들어 낚시 애호가가 자랑을 할 때 이렇게 말하는 경우가 있다.

"내가 말이야, 작년 가을에 바다낚시를 갔는데 어른 팔뚝만 한 것을 잡았어. 와, 그때를 생각하면…."

이때 누군가 나선다.

"어휴, 난 생선 안 먹어! 비린내.나."

한마디로 김새는 소리다. 게다가 무식하다. 지금 먹는 게 중요한가! 낚시의 성공을 자랑하는 순간이 아닌가?

또 어떤 사람은 남의 말은 한 마디도 듣지 않고 핸드폰만 들여다본다. 이 또한 재수 없는 자가 아닐 수 없다. 사람이 함께 모였으면 남의 말에 유의해야 하는 법이다. 말을 하면 열심히 들으며 웃어주고, 자랑을 하고 있으면 감동하는 표정도 지어주어야 한다. 노래를 좀 못하더라도 힘껏 박수를 쳐주어야 하고, 누가 새 옷을 입고 오면 멋있다고 칭찬해줘야 하는 것이 아름다운 인간의 도리인 것이다.

당신이 무언가를 자랑할 때 상대방이 그것을 못 들은 척하면 당신은 행복한가? 번번이 그런 행동을 하는 자를 가까이에서 사귀고 싶은가? 세상은 서로 축복해주면 더욱 즐거운 곳이 된다. 사람이 사람을 외면하면 이는 남을 해치는 행위와 똑같다. 사람은 함께 해야 한다.

남들보다 멀찌감치 앞서가며 혼자 있는 사람은 고독한 운명이 된다. 인생이란 원래 그 자체로 고독의 바다다. 사람에게는 늘 관심이 필요하다. 내가 그렇듯이 남도 그렇다. 그러므로 내가 먼저 나서서 남에게 관심을 쏟아부어줘야 한다. 그렇게 해야만 나도 언젠가는 관심받는 존재가 된다.

축복이 넘치는 사회! 이런 사회를 만드는 데 동참해야 한다. 인간으로 태어나서 남을 항상 축복해주다 떠난다면 이 또한 보람이 아닐 수 없다. 반면 남의 일에 전혀 관심이 없는 자는 죽어서도 보람을 못 느낄 것이다. 게다가 그런 자를 누가 알아주겠는가! 축복받는 사람은 행복한 사람이고, 축복을 해주는 사람은 위대한 사람이다. 또한 하늘은 남에게 축복을 주는 사람에게 더 큰 축복을 내려주는 법이다.

왕이 참견하지 않으면 장군은 승리한다

'남의 제사에 감 놓아라, 배 놓아라 한다'는 속담이 있다. 이는 남의 일에 공연한 참견을 하는 행위를 말하는 것이다. 무수히 많은 사람들이 남의 일에 참견하기를 좋아하는 것 같다. 아니, 그들은 참견하지 않으면 견딜 수 없는 것 같다. 이런 사람들이 많으면 사회는 혼란에 빠지게 되어 있다.

남에게 이러쿵저러쿵하는 것은 남의 자유를 침해하는 중대한 범죄에 해당한다. '독재' 혹은 '통제'와 똑같다. 어떤 사람들은 남의 자유를 침범하고 마치 정의를 지킨 것처럼 자부심을 갖는데, 이는 할 일 없는 사람들이 하는 짓이다. 자기 인생을 똑바로 살 생각은 안 하고 남이 잘 사는 것을 질투하며 분노하는 것이다.

남의 자유를 막는 행위가 국가적, 사회적으로 자행되고 있는 것이 현실인바, 이것은 개인의 철없는 생각들이 모인 결과다. 사람은 누구나 자신은 옳고 남은 틀렸다고 생각하는데, 이는 특히 지성이 덜 발달된 사람들에게서 나오는 생각이다. 내가 남보다 잘났다는 생각은 전 지구인의 질병으로서, 이를 고쳐나가는 것이 교육이다.

'서울 한 번 가본 사람이 열 번 가본 사람을 이긴다'는 말도 있다. 조금 아는 사람이 많이 아는 사람을 가르치려는 행태를 묘사한 말이다. 조금 아는 사람은 그것을 남에게 내보이려고 온갖 꼴값을 다한다. 이런 사람들이 점점 많아지면 사회가 아주 불편해지고 불쾌해진다.

남의 일에 참견하지 않는 것은 남의 생각을 존중하는 것이고, 또한 남의 자유를 짓밟지 않는 행위다. 흔히 '누구 잘되라고?'라는 핑계를 대는데, 이는 독재자들이 흔히 쓰는 표현이다. 독재자는 만민을 위해서 자신의 생각을 남에게 강요한다. 중국의 옛날 시 중에 이런 글이 있다.

"해 뜨면 일하고 해 지면 쉬네,

밭 갈아먹고 우물 파서 마시니,

왕의 덕이 나에게 무슨 소용인가?"

日出而作 日入而息

耕田而食 鑿井而飲

帝力何有于我哉

공자는 이에 대해 태평성대를 노래한 것이라고 극찬했다. 세상은 내버려두면 다들 알아서 잘 사는 법이다. 물론 도적질도 내버려두고 마약을 마음대로 해도 좋다는 뜻은 아니다. 특별히 남을 해치는 것이 아닌 한 자유를 침범하지 말자는 것이다.

사람은 누구나 걸핏하면 남을 죄인으로 생각한다. 그러나 나 자신도 그들과 별반 다르지 않다. 항상 남의 잘잘못을 가리며 자유를 빼앗으려는 자가 세상에서 가장 무서운 죄인이다. 남을 벌주려는 생각 대신 자신의 죄를 반성하는 것이 먼저다. 그것이 인생을 잘 살아가는 지혜다. 예수 역시 이렇게 말했다.

"너희들 중 죄 없는 자, 이 여인을 돌로 쳐라."

사람은 자신의 잘못에 대해서는 아예 모르거나 변명한다. 그러면서도 남의 죄에 대해서는 발 벗고 나선다. 남의 죄에 대해서라면 그나마 낫다. 그저 남이 하는 모든 일에 대해서 그것을 비판하면서 자기 생각을 강요하는 것은 정신적인 강간이나 마찬가지다. 그래서 어느 영화에 이런 대사도 나오지 않았는가!

"너나 잘하세요!"

인간을 규제하려고 하거나 사사건건 참견하는 자는 어디에서도 절대 환영받지 못한다. 그런 사람은 결국 고독해진다. 고독은 자신이 만든 운명이다. 단, 남을 참견하지 말라는 것은 남을 외면하라는 뜻은 아니다. 실은 외면도 참견과 똑같다. 외면이란, '보기 싫으니 내 앞에서 그 짓을 그만 두라'는 생각이다. 이는 남의 행동을 무언으로 막고 있는 것에 지나지 않는다.

참견하지 말라는 것은 남에게 자유를 베풀라는 뜻이다. 아니, 자유라는 것은 본시 그 사람의 것이니 빼앗지 말라는 뜻이다. 사람이 늙어서 하는 나쁜 짓 중에 가장 나쁜 짓은 참견이다. 공자는 말했다.

"하늘이 무슨 말을 하던가?

사시가 운행하고 천하가 잘 돌아가건만

하늘이 무슨 말을 하던가?"

天何言哉

四時行焉 百物生焉

天何言哉

하늘조차도 인간의 일에 일일이 참견하지 않는다. 《손자병법》에는 이런 말이 있다.

"장군이 능력 있고, 왕이 그를 참견하지 않으면 승리한다."

將能君不御者勝

이 모두 참견을 경계하라는 말이다. 남이 비록 어리석게 행동해도 그것을 내버려둬야 한다. 그렇다고 어린아이가 우물에 빠지려는 것을 내버려두라는 말이 아니다. 별 탈 없는 일에 공연히 참견하지 말라는 뜻이다. 하늘이 인간의 일에 얼마나 참견하는가? 공자는 이렇게 말했다.

"그 지위에 있지 않거든 그 정사를 논하지 말라."

不在其位 不謨其政

영화 '스타트렉Star Trek'에서는 참견이 '우주적인 죄'라고 단정한다. 소위 우주의 제1명령이라는 것이 있는데, 이는 우주에서 갓 태어난 문명에 대해 참견하지 말라는 것이다. 왜냐? 그것은 자율적인 진화를 방해하는 것이기 때문이다. 세상은 일단 자기 수준의 자유가 필요하다. 자유 속에는 위대한 창조의 가능성이 숨어 있다.

주역에서는 자유를 양陽으로 보며, 남의 일에 참견하는 것은 결국 양을 죽이는 행위다. 남을 존중한다는 것은 그들의 취향을 존중하라는 것이다. 또한 그들의 삶을 있는 그대로 받들이라는 뜻이기도 하다. 배움이 짧은 사람과 속이 좁은 사람은 남을 참견하기 위해 두리번거린다. 귀신보다 무서운 사람이 바로 그런 사람이다. 그의 운명도 그렇게 흘러갈 것이다.

이제 요점을 이야기하면서 책을 마무리하겠다. 모든 길흉화복은 사람에서 시작되어 사람으로 끝난다. 그래서 사람들과 어울려 잘 사는 것, 진정한 처세는 영원을 향해 이루어져야 한다. 당장 이익을 보기 위해 잔꾀를 부려 인맥을 만드는 것은 길게 보면 부질없는 짓이다. 처세는 인간에 대해 언제나 옳게 대한다는 뜻이다. 이익이 없어도 좋은 것이다. 그저 내가 인간에게 인간답게 대한다는 것이 내 운명에 좋은 것이다.

한 번 보고 다시 보지 못할 사람일지라도 최선을 다해 베풀어야 한다. 인간으로 태어나서 남에게 많은 것을 베풀다 가면 그만큼 태어난 보람 있다. 처세는 남에게 무언가를 빼앗는 것도 아니고 이익을 보는 것도 아니다. 내가 베풀기 위해 처세하는 것일 뿐이다. 얻을 게 없어도 좋다. 공자는 이렇게 말했다.

"남이 알아주지 않아도 화내지 않는다면 어찌 군자가 아니겠는가."
人不知而不慍 不亦君子乎

내가 항상 인간을 바르게 대하면, 이는 하늘이 다 보고 있다. 그게 전부다. 모든 일에 즉시 대가를 바라는 사람은 졸렬한 사람으로서, 이런 사람은 항상 무언가를 원망할 준비가 되어 있다. 당연히 상종하지 말아야 할 사람이다. 우선 우리 자신부터 그런 사람이 되어서는 안 된다.

나에 대한 평가는 죽고 나서 내려져도 상관없다. 나를 그리워하고 기억하는 사람이 있다면 이는 처세에 성공한 것이다. 이준 열사가 말했다. '삶 중에도 죽음이 있고 죽음 중에도 삶이 있다.' 나를 기억하는 사람이 있다면, 나는 죽어도 살아 있는 것이다. 반면 그 누구의 마음속에도 내가 없다면 나는 살아 있어도 죽은 것이다. 죽음 앞에 서 있더라도 영원을 바라보며 살아야 한다.

김승호

주역학자이자 작가. 1949년 서울에서 출생했다. 지난 45년간 '과학
으로서의 주역'을 연구해 '주역과학'이라는 새로운 개념과 체계를 정립
했다. 동양의 유불선儒佛仙과 수학, 물리학, 생물학, 화학, 심리학 등 인
문, 자연, 사회과학이 거둔 최첨단 이론을 주역과 융합시켜 집대성한 결
과가 바로 주역과학이다. 1980년대 미국에서 물리학자들에게 주역을 강
의하기도 했으며, 맨해튼 응용지성연구원의 상임연구원과 명륜당(미국
유교 본부) 수석강사를 역임했다. 사단법인 동양과학아카데미 등을 통해
20년간 주역 강좌를 운영해왔으며, 운문학회를 통해 직장인 대상의 특
강도 진행하고 있다.

저서로는 베스트셀러《돈보다 운을 벌어라》,《사는 곳이 운명이다》
를 비롯해, 주역과학 입문서라 할 수 있는《주역 원론》전 6권,《주역과

몸》(공저), 《자기 탐험》전 2권, 《싸움》, 《소설 팔괘》전 3권, 《점신》, 《징
조》외 다수가 있다. 1991년부터 〈문화일보〉에 《소설 주역》을 연재,
10권의 책으로 펴냈으며, 2003년에는 일본 쇼가쿠칸小學館 출판사에서
《소설 가이아》가 번역, 출간되기도 했다. 〈일간스포츠〉에 '알기 쉬운 주
역과학'을 연재했다.